nF420040

Fiche de lecture

No et moi

(Delphine de Vigan)

Frédéric Lippold

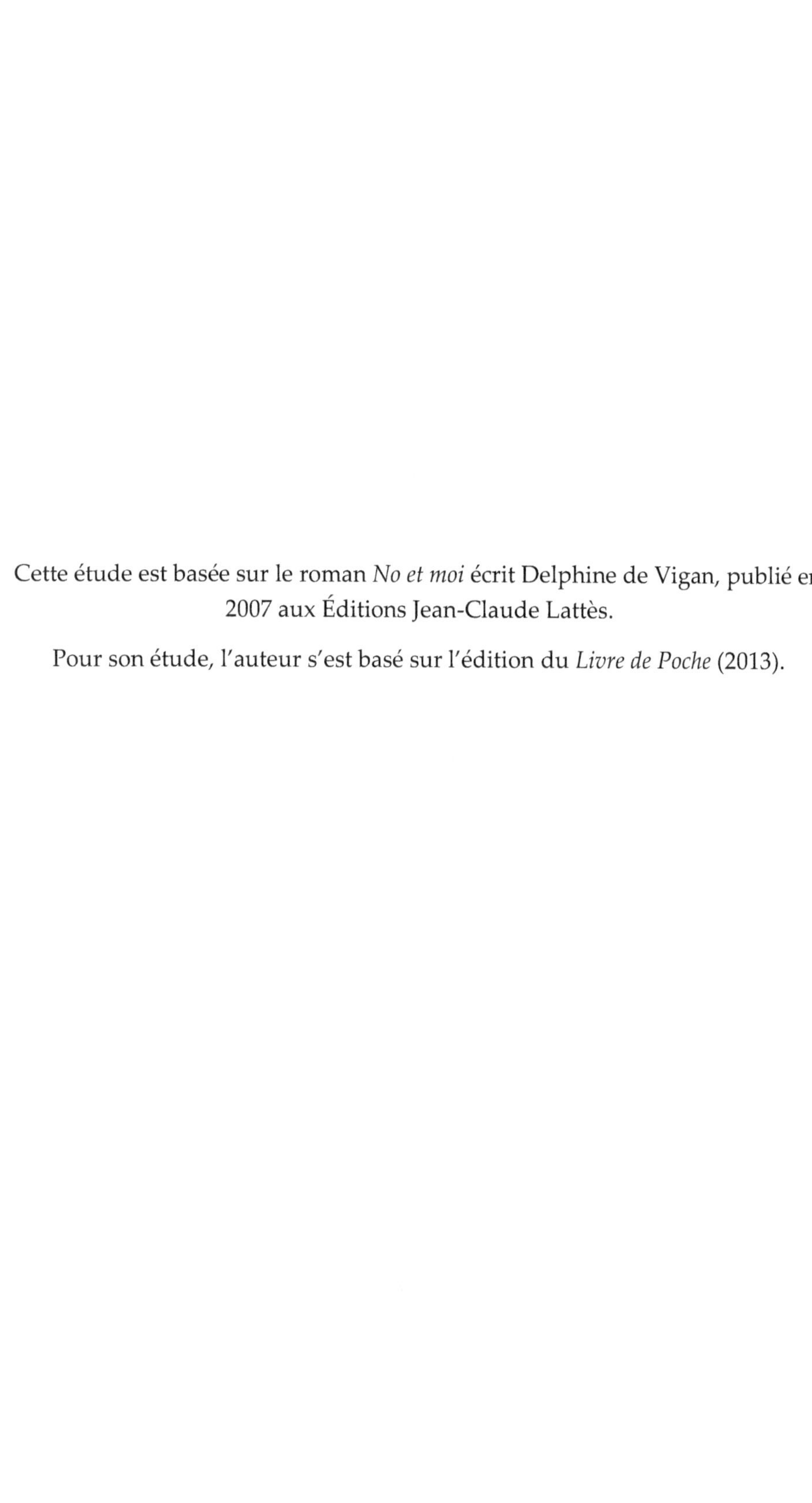

Cette étude est basée sur le roman *No et moi* écrit Delphine de Vigan, publié en 2007 aux Éditions Jean-Claude Lattès.

Pour son étude, l'auteur s'est basé sur l'édition du *Livre de Poche* (2013).

Table des matières

Delphine de Vigan est née en 1966, à Boulogne-Billancourt (92).

Elle s'initie tôt à l'écriture : elle commence son journal intime à 12 ans, en 1978, et l'arrêtera 17 ans plus tard, à la naissance de sa fille.

Elle connaît des moments difficiles durant sa jeunesse : scolarisée dans l'Orne (nord-ouest de la France), elle doit vivre chez son père en Normandie à partir de la troisième, au moment où sa mère, atteinte de troubles maniaco-dépressifs, est hospitalisée en psychiatrie.[1]

Après le lycée, elle entre en prépa littéraire : son but est d'intégrer l'École normale supérieure après deux années de préparation (hypokhâgne et khâgne), afin de bénéficier d'études rémunérées dans l'établissement en question. Elle vit mal sa deuxième année de prépa et souffre d'anorexie, et est même hospitalisée pendant six mois après son concours d'entrée à Normale sup.

Elle n'intègre finalement pas l'école mais obtient un DUT information-communication en 1986. En 2001, elle publie son premier roman, *Jours sans faim*, une « *fiction autobiographique* ». Elle y retrace l'histoire d'une jeune femme anorexique de 19 ans.

D'autres romans, publiés postérieurement, ont reçu des distinctions : *No et moi* (2007) Rien ne s'oppose à la nuit (2011) et *D'après une histoire vraie* (2015) reçoivent des prix prestigieux.

Delphine de Vigan est l'autrice d'une dizaine de roman.

---

[1] *Les 20 ans de Delphine de Vigan*, interview avec Isabelle Maradan, L'Étudiant, 2012.

No et moi est un roman publié en 2007. Il a reçu le prix des libraires en 2008 et été traduit en 25 langues.

Il a été traduit en 25 langues et est adapté au cinéma en 2010.

Adaptation cinématographique

No et moi a été adapté au cinéma par la réalisatrice Zabou Breitman. Le film est sorti en France le **17 décembre 2010**. La romancière **Delphine de Vigan n'a pas participé** à l'élaboration du scénario, mais a visiblement été bouleversée par le visionnage du film, d'autant que celui-ci est resté fidèle au livre. La réalisatrice a en effet souhaité rester **assez proche du roman** : les personnages du film ont gardé les mêmes tics de langage que ceux du livre (comme l'expression « *et tout* » qui termine souvent les paroles de Lou).

Résumé

Lou, 13 ans, est une adolescente surdouée qui entame son année de seconde. Hélas, elle est très timide et manque de confiance en elle. Elle est amoureuse de Lucas, le rebelle de la classe, âgé de 17 ans. Les parents de Lou vivent avec elle mais sa mère est en dépression depuis la mort subite de son bébé, cinq ans plus tôt.

Dans le cadre de son cours de sciences économiques et sociales (SES), Lou doit faire un exposé. Elle décide de le consacrer aux sans domicile fixe en s'entretenant avec Nolwenn, dite No, une jeune SDF de dix-huit ans. Elles se voient plusieurs fois et font connaissance.

L'exposé de Lou est un grand succès ; elle se lie d'amitié avec le garçon qui lui plaît, Lucas. Un jour, No, affamée et à bout de forces, vient trouver Lou à la sortie du lycée. La jeune lycéenne demande à ses parents d'héberger la jeune femme. Ils acceptent. No se rétablit peu à peu. La présence de No dans la maison aide la mère de Lou à sortir de son état dépressif.

Lucas fait davantage connaissance avec Lou, puis avec No. Bientôt, ils forment un trio inséparable. No trouve un emploi dans un hôtel. Les choses se passent bien, puis les choses s'enveniment à son travail : son patron est tyrannique. No doit ensuite travailler de nuit et vit mal la situation. Elle retombe dans l'alcoolisme et prend des médicaments : le père de Lou veut qu'elle parte.

No se réfugie chez Lucas pendant plusieurs semaines, à l'insu des parents du garçon (le père est au Brésil et la mère habite chez son nouveau conjoint et ne vient que rarement). Elle veut économiser de l'argent pour partir en Irlande retrouver Loïc, son amour de jeunesse. Mais elle continue de boire et une nuit,

Lou et Lucas découvrent des billets de 50 euros qui sortent de son jean. Lucas s'emporte : il a compris que No se prostitue.

Un jour, No doit quitter l'appartement ; le père de Lou a compris que Lucas hébergeait No en cachette et a prévenu la mère du garçon.

Lou fugue de chez ses parents et décide de partir avec son amie en Irlande. Mais à la gare, No prend les bagages et s'en va, après avoir prétexté à Lou qu'elle allait acheter les billets puis revenir. Lou reste toute la journée à la gare, hébétée. Elle rentre alors chez ses parents et est accueillie par sa mère, qui la serre dans les bras. Quelques semaines plus tard, l'année scolaire s'achève, Lucas et Lou se rendent à un magasin rendre visite à Geneviève, une amie de No, pour s'enquérir de leur amie, mais Geneviève n'a reçu aucune nouvelle. Dans le dernier chapitre, No est attristée. Lucas se rapproche d'elle et l'embrasse.

Personnages

Protagonistes (personnages principaux)
Dans la famille de Lou (les Bertignac)

Les Bertignac vivent à Paris, au cinquième étage d'un appartement parisien (p. 109), pas loin du centre (quartier Filles du Calvaire). Ils semblent appartenir à une catégorie socio-professionnelle supérieure (le père est manager d'une équipe et travaille à l'international, les époux vont plus tard au théâtre).

Lou, l'une des deux jeunes filles au cœur de l'intrigue (avec No), est la fille des époux Bertignac. Ce nom est identique à celui d'un célèbre musicien (Louis Bertignac) : Lou avait prétendu, plus jeune, qu'il faisait partie de sa famille (p. 17).

La famille de Lou porte en elle une **blessure jamais cicatrisée** : cinq ans plus tôt, la deuxième fille, Thaïs, est morte alors qu'elle était encore bébé, victime du syndrome de la mort subite du nourrisson[2]. Les parents sont encore marqués à vif, tout comme Lou.

La maman est tombée en dépression et est en convalescence depuis plusieurs années. Elle n'a pas encore retrouvé une vie normale. Les trois membres de la famille vivent encore avec cette douleur profonde et cohabitent dans une **ambiance assez triste et pesante**, que le père tente tant bien que mal d'égayer.

---

[2] Aussi appelé syndrome de mort inattendue du nourrisson, il s'agit d'un décès brutal d'un bébé dans les premiers mois de sa vie, alors que rien ne présageait cela. Les causes peuvent être diverses : malformation cardiaque, problème génétique, infection, étouffement... Il frappe environ 250 enfants par an en France.

La rencontre de la famille Bertignac avec No va changer la donne : au contact de cette jeune marginale, chacun des membres de la famille va être transformé.

Lou est une jeune fille âgée de **13 ans** (p. 17). On n'a aucun détail physique sur elle si ce n'est sa **petite taille** : elle « *mesure trente centimètres de moins que la plupart des élèves de la classe* » (p. 33). C'est une jeune fille rangée qui cherche à se « *fondre dans le décor* » (p. 33) : elle a un style classique et ne parle pas sauf quand on le lui demande. Elle est **rêveuse et observatrice**. C'est aussi une **surdouée** qui a deux ans d'avance par rapport à ses camarades (elle entre au lycée, en seconde). Lou ressent un décalage avec eux.

- **Une élève surdouée, décalée et complexée**

En plus d'être une **bonne élève** (elle a « *dix-huit de moyenne* », p. 33), Lou est une **enfant « à haut potentiel »** : elle a « *un QI de 160* » (p. 13) et est « *IP* » (intellectuellement précoce) (p. 36). On vérifie ce diagnostic en lisant certains passages du roman : on constate en effet que **sa pensée est toujours en marche**, que ses idées se subdivisent, ce qui est caractéristique des enfants surdoués.

> On l'observe par exemple lorsqu'elle entre dans un restaurant, le Relais d'Auvergne : immédiatement, elle cherche à définir l'odeur qu'elle sent, qui lui rappelle le chou, puis elle pense immédiatement à la chanson « *Savez-vous planter des choux ?* » Lou a tout à fait conscience de cette manière de penser, dite « en arborescence », et en souffre quelque peu : « *il faut toujours que je prenne les chemins de traverse, que je me disperse, c'est énervant mais c'est plus fort que moi* » (p. 25-26).

Cette intelligence hors du commun se manifeste encore d'autres façons : Lou « *enregistre tout, le moindre soupir* » et elle ne sait pas « *d'où ça vient* » (p. 42). Les mots « *s'impriment* » dans sa tête « *comme sur une bande passante, sont stockés pendant plusieurs jours* » ; Lou « *efface au fur et à mesure ce qui doit l'être pour éviter l'encombrement* » (p. 42). Ce n'est pas la première fois que Lou utilise le **vocabulaire de l'informatique** : plusieurs fois elle utilisera cette métaphore pour expliquer le fonctionnement de son esprit.

Très à l'aise dans le domaine scientifique, elle a en outre une **bonne culture littéraire**, comme on le constate dans certaines de ses références : sa phrase « *le ciel est bas et lourd comme dans les poésies* » (p. 67) est une évocation du *Spleen* de Baudelaire, et sa pensée pour le renard du *Petit Prince* montre qu'elle connaît l'œuvre de Saint-Exupéry (p. 186). Par ces mots, on sent que **Lou s'est appropriée ses lectures de classe**, et ne s'est pas contentée de les apprendre sans réfléchir.

Son esprit fin se retrouve aussi dans son **argumentation convaincante** : **elle a parfaitement assimilé les leçons de rhétorique** de son enseignante de français, Mme Rivery, et sait défendre la cause de son amie No (p. 40-41). Elle joue parfois même avec ces règles : Mme Rivery lui dit souvent que ses conclusions « *sont un peu emphatiques* », ce que Lou admet, mais pour elle, « *parfois la fin justifie les moyens* » (p. 107-108).

Même si elle est en avance sur son âge, elle doit faire face à **certains freins**, notamment une **grande timidité** et un **manque de confiance en elle** (p. 36, p. 215 : elle se compare ici à une « *limace* »). Elle a aussi des traits étonnants, comme le fait de ne pas être en mesure de nouer ses lacets : « *La vérité c'est que je n'arrive pas à faire mes lacets et que je suis équipée de fonctionnalités merdiques qui ne servent à rien* » (p. 191, lire aussi p. 13, p. 99 ou p. 206). Cela ne l'empêche pas de faire preuve d'**auto-dérision**.

L'esprit de Lou est toujours en ébullition et nous pouvons lire ses **réflexions et attitudes parfois inattendues voire incongrues**, tout au long du roman : on apprend qu'elle lisait des livres sur la grossesse à huit ans, alors que sa mère était enceinte (p. 46), qu'elle découpe à présent les emballages des surgelés, qu'elle collectionne les étiquettes de vêtements, qu'elle compare la longueur des rouleaux de papier-toilette (p. 137) et qu'elle s'adonne à d'autres expériences étranges (p. 151). Elle a aussi une **imagination débordante** : elle échafaude des scénarios extravagants lorsqu'elle souhaite venger son amie No, exploitée par un gérant d'hôtel (p. 164).

En définitive, Lou est une **jeune fille à part**, au sens propre comme au sens figuré : « *Depuis toute la vie je me suis toujours sentie en dehors, où que je sois, en dehors de l'image, de la conversation, en décalage, comme si j'étais seule à entendre des bruits ou des paroles que les autres ne perçoivent pas, et sourde aux mots qu'ils semblent entendre, comme si j'étais hors du cadre, de l'autre côté d'une vitre immense et invisible* » (p. 19). Ceci est confirmé par le métier qu'elle souhaiterait faire plus tard : « *Quand on me demande ce que je veux faire plus tard, je réponds médecin urgentiste ou bien chanteuse de rock, ça fait sourire les gens, ils ne voient pas le rapport, mais moi oui* » (p. 143).

- **Une enfance marquée par un drame : la mort de sa petite sœur**

Lou entre en adolescence et cette période délicate est déjà précédée d'un **événement dramatique**, qui s'est déroulé cinq ans plus tôt : la mort de sa petite sœur Thaïs, âgée de quelques semaines. Un matin, elle a entendu sa mère pousser un **cri déchirant** puis l'a vue prostrée, tenant dans ses bras l'enfant décédée. Lou reste hantée par ce cri : lorsque « *le silence se prolonge* », il « *revient* » et lui « *déchire le ventre* » (p. 48). Ce choc est gravé en elle, et elle garde encore un

profond chagrin dans son cœur : « *dans la vraie vie, il n'y a rien à poser, à calculer, à deviner. C'est comme la mort des bébés. C'est du chagrin et puis c'est tout. Un grand chagrin qui ne se dissout pas dans l'eau, ni dans l'air, un genre de composant solide qui résiste à tout* » (p. 102). Autour de ce drame, un **tabou** s'est installé dans la famille, tout le monde y pense mais personne n'en parle : « *Certains secrets sont comme des fossiles et la pierre est devenue trop lourde pour la retourner. Voilà tout* » (p. 157).

La mère de Lou a subi de plein fouet les conséquences de cette tragédie. Dépressive, elle a été placée en hôpital psychiatrique au bout de quelques mois ; Lou a alors été inscrite pendant quatre ans au sein d'un **établissement scolaire pour enfants précoces**, situé à Nantes. Elle ne revenait alors à Paris qu'un week-end sur deux. Lou a mal vécu cette vie éloignée de ses parents et a **rêvé de retrouver une vie en famille « normale »**, ou bien en finir complètement : « *j'ai rêvé qu'un jour, il appuierait sur l'accélérateur […] et nous projetterait tous les trois dans le mur du parking, unis pour toujours* » (p. 53). Lou est d'accord avec sa mère qui estime que la vie est « *injuste* » (p. 102).

Rue des Filles-du-Calvaire, Paris

Au début du roman, Lou vit de nouveau sur Paris, dans l'appartement de ses parents situé près du centre de Paris, dans un bon quartier (Filles du Calvaire - 3ème arrondissement). Elle réintègre un établissement « *normal* », au lycée, où elle ne connaît personne (p. 21). Au moment de l'action, l'année de seconde vient de débuter.

Lou n'est pas ressortie indemne des événements passés : elle est devenue **insomniaque** et ses insomnies s'accompagnent d'**anxiété** et de **pensées sombres** : « *La nuit quand on ne dort pas les soucis se multiplient, ils enflent, s'amplifient, à mesure que l'heure avance les lendemains s'obscurcissent, le pire rejoint l'évidence, plus rien ne paraît possible, surmontable, plus rien ne paraît tranquille. L'insomnie est la face sombre de l'imagination. Je connais ces heures noires et secrètes. Au matin on se réveille engourdi, les scénarios catastrophes sont devenus extravagants, la journée effacera leur souvenir, on se lève, on se lave et on se dit qu'on va y arriver. Mais parfois la nuit annonce la couleur, parfois la nuit révèle la seule vérité : le temps passe et les choses ne seront plus* *jamais ce qu'elles ont été* » (p. 180). Il lui arrive parfois même de prendre un somnifère, le *Rivotril*, qui s'accompagne d'effets secondaires (p. 56).

Elle ressent aussi un **manque** en elle, qu'elle n'identifie pas bien : « *Parfois il me semble qu'à l'intérieur de moi quelque chose fait défaut, un fil inversé, une pièce défectueuse, une erreur de fabrication, non pas quelque chose en plus, comme on pourrait le croire, mais quelque chose qui manque* » (p. 76).

Lou regrette sa vie d'avant, quand la famille n'était pas encore meurtrie par le décès de Thaïs. Elle est mélancolique et regarde parfois en cachette les photos d'enfance qui lui rappellent cette époque : « *Parfois quand je suis seule à la maison, je regarde les photos, les premières. […] Quand je fouille dans le petit coffre en bois où les photos sont rangées, j'ai le cœur qui bat très fort, à déchirer ma poitrine. Maman serait folle si elle me surprenait. […] Ces moments ne nous appartiennent plus, ils sont enfermés dans une boîte, enfouis au fond d'un placard, hors de portée. Ces moments sont figés comme sur une carte postale ou un calendrier, les couleurs finiront peut-être par passer, déteindre, ils sont interdits dans la mémoire et dans les mots* » (p. 47). Elle a le sentiment que sa famille est brisée, et qu'elle-même est transformée : tout son être souhaite un retour vers un « âge d'or », lorsque la famille était heureuse et insouciante, et qu'elle était une petite fille comme les autres.

Manquant d'amour de la part de sa mère, **Lou prononce ces mots déchirants** devant son père : « *Maman, elle m'aime pas […] Depuis que Thaïs est morte maman m'aime plus* » (p. 221). Heureusement, la situation finira par changer et s'améliorera après l'irruption de No dans la vie des Bertignac. À la fin du roman, après la fugue de Lou et son retour à la maison, la maman et la fille se serrent enfin dans les bras.

- **Une adolescente mature, sensible et renfermée**

La sensibilité exacerbée de Lou, liée à la perte de sa petite sœur et aux conséquences douloureuses de cette tragédie, la rend **plus empathique** que d'autres adolescents ; **elle sait déceler certaines émotions** : « *Je vois souvent ce qui se passe dans la tête des gens* » (p. 26) ; « *Je sais reconnaître ça, entre autres choses, le son des voix quand le mensonge est à l'intérieur, et les mots qui disent le contraire des sentiments, je sais reconnaître la tristesse de mon père, et celle de ma mère, comme des lames de fond* » (p. 42). Lou est **plus mature que son âge** (une maturité jugée « inquiétante » par son institutrice de CM2, lire p. 49) ; « *Mon père un jour il m'a dit que ça lui faisait peur, qu'il ne fallait pas jouer à ça, qu'il fallait savoir baisser les yeux pour préserver son regard d'enfant. Mais moi les yeux je n'arrive pas à les fermer […]* » (p. 26).

Ainsi, en plus de son haut potentiel, Lou est très vraisemblablement une jeune fille **hypersensible**, dotée d'une grande empathie (c'est souvent concomitant) : lorsqu'elle aperçoit les ongles « *rongés jusqu'aux sang* » de No, elle en a « *mal au ventre* » (p. 26). Elle paraît très **émotive** : « *si elle se met à pleurer je m'y mets aussi, et quand je commence ça peut durer des heures* » (p. 103). Elle parle parfois toute seule quand elle est en colère (p. 157). Elle est **fragile** et **sincère** : elle ne peut jouer sur ses sentiments (« *de loin je vois qu'il me sourit et je ne peux pas m'empêcher de sourire aussi, même si je suis fâchée, parce que je n'ai pas de carapace comme les tortues ni de coquille comme les escargots. Je suis une minuscule limace en Converse* », p. 215).

Ses relations avec les autres sont compliquées : Lou est **introvertie** et **très timide**. De fait, elle n'a pas le courage d'aller aux soirées où elle est invitée, tandis que l'exposé qu'elle doit faire devant la classe lui semble être une **tâche insurmontable** (p. 12). Elle a développé une sorte de complexe par rapport aux autres, et **envie leur spontanéité et leur aisance** : « *Je voudrais seulement être comme les autres, j'envie leur aisance, leurs rires, leurs histoires, je suis sûre qu'ils possèdent quelque chose que je n'ai pas* » (p. 53-54). Lou voudrait être « **normale** » au sens propre (dans la norme), ne plus être différente, faire partie d'un groupe. Elle demande ainsi à ses parents d'être inscrite « *dans un lycée normal pour élèves normaux* ». Dans son nouvel établissement, **elle s'isole**, notamment depuis qu'elle n'a pas répondu à l'invitation d'Axelle et Léa. On comprend que les autres élèves se moquent un peu d'elle, mais leur attitude change quand ils voient que Lucas, le rebelle de la classe, s'intéresse à elle et s'assoit à ses côtés en classe (p. 122). Petit à petit, elle sera acceptée par la classe, sans l'avoir vraiment cherché (car son attention était portée sur son amie No jusqu'à son départ, au printemps). Au contact de No et de Lucas, elle va grandir et dépasser ses barrières mentales. À la fin de l'histoire, c'est une jeune fille transformée.

- **Le vocabulaire de Lou**

L'adolescente **Lou use, comme tous les jeunes, d'un certain langage et de codes** : « *épique* » (p. 45), « *galère* » (p. 53), « *lâcher l'affaire* » (p. 188), … Une expression se distingue cependant des autres : ce sont les mots « *et tout* » qui se retrouvent plus d'une vingtaine de fois dans le roman. Cette expression paraît refléter un paradoxe : Lou est une enfant surdouée et très intelligente, pourtant ces mots indiquent une pensée inachevée et insuffisamment construite. On peut élaborer une explication : **Lou est si vive, intelligente et émotive qu'elle a un trop-plein d'émotions et de pensées**, si bien qu'elle ne parvient à formuler tout à fait ce qu'elle souhaite communiquer. Un passage du livre offre un complément à cette hypothèse : « *"et tout" c'est pour toutes les choses qu'on pourrait ajouter mais qu'on* *passe sous silence, par paresse, par manque de temps, ou bien parce que ça ne se dit pas »* (p. 30).

D'autres expressions sont touchantes et révèlent un côté **enfantin** et **candide** qui n'a pas disparu chez elle : « *Depuis toute la vie je me suis toujours sentie en dehors* » (p. 19) ; « *elle m'a acheté une paire de Converse qui coûtent au moins cinquante-six euros* » (p. 217 ; le prix indiqué est d'une précise imprécision, ce qui ne manquera pas de faire sourire le lecteur) ; « *il y a bien trois milliards d'années qu'elle ne m'a pas engueulée* » (p. 219) ; « *Maman, elle m'aime pas* […] *maman elle m'aime plus* » (p. 221 ; le nom et le pronom sont accolés, comme le font souvent les enfants).

Notons que le langage de la narratrice évolue entre le début et la fin du roman. Les tournures de phrases de Lou perdent partiellement leur côté enfantin à mesure que la jeune fille gagne en maturité. Elle abandonne certaines formules comme « *pour de vrai* » (p. 60), « *pour de faux* » (p. 128), « *et tout* », qui ne se retrouvent plus vers la fin du roman.

- **Un regard lucide sur la société**

Si jeune qu'elle paraisse, **Lou n'est pas dénuée d'esprit critique**. Elle a également un **ton acerbe** et n'hésite pas à dire des vérités qui fâchent, comme lorsqu'elle parle de Noël : « *Noël est un mensonge qui réunit les familles autour d'un arbre mort recouvert de lumières, un mensonge tissé de conversations insipides,* […] *un mensonge auquel personne ne croit* » (p. 84-85) durant lequel « *il faut faire semblant d'être content, d'être heureux, de bien s'entendre avec tout le monde* ». Elle évoque aussi les questionnaires à remplir au lycée, qu'elle juge déplacés : « *tout un tas de trucs qui ne regardent personne* » (p. 21)

Par son ton sarcastique, **elle montre du doigt les contradictions et hypocrisies de la société dans laquelle elle vit**. Ce personnage nous permet de prendre du recul sur le contexte dans lequel nous vivons ; le récit touchera encore davantage les personnes vivant dans le microcosme parisien ou ayant vécu à Paris.

Lou a un regard de plus en plus perçant au fil de l'histoire, et elle se rend compte avec acuité de la **misère ambiante** : « *par la vitre j'ai vu les campements de SDF sur les talus, sous les ponts, j'ai découvert les tentes, les tôles, les baraquements, je n'avais jamais vu ça* […] *Depuis deux ou trois ans, les campements se sont multipliés, il y en a partout, tout autour, sur tout à l'est de Paris. J'ai pensé c'est ainsi que sont les "choses". Les choses contre lesquelles on ne peut rien* » (p. 178). À la vue de ce triste spectacle, elle ressent de la **honte** : « *Je les regarde avec cette honte sur moi, poisseuse, cette honte d'être du bon côté* » (p. 80).

Par ailleurs, on la voit **compatissante** envers les millions de personnes à travers le monde qui vivent et/ou ont vécu des drames personnels : « *j'ai pensé à tous les regards morts de la terre, des millions, privés d'éclat, de lumière, des regards égarés qui ne reflètent rien d'autre que la complexité du monde* » (p. 184).

Sur la société française dans laquelle elle vit, **son jugement est sans concession** : la situation des sans-abri est « *le symptôme de notre monde malade. "Les choses sont ce qu'elles sont." Mais moi je crois qu'il faut garder les yeux grands ouverts. Pour commencer* » (p. 70). Elle utilise l'**anaphore** pour insister sur cet état de fait, en répétant l'expression « ***On est capable* …** » dans trois paragraphes au travers du roman (p. 46, p. 82, p. 178-179). Un passage est particulièrement frappant et expose les contradictions de notre vie moderne : « *On est capable d'envoyer des avions supersoniques et des fusées dans l'espace. […] On est capable de laisser mourir des gens dans la rue* » (p. 82) ; « *On est capable de laisser des gens vivre au bord du périphérique* » (p. 179). Son constat est parfois très **sévère** : « *Je pense à l'égalité, à la fraternité, à tous ces trucs qu'on apprend à l'école et qui n'existent pas* » (p. 102).

Elle conclut avec justesse que le premier pas vers l'amélioration de la société est d'**avoir conscience des injustices du monde qui nous entoure,** de ne pas fermer les yeux face à elles.

- **Une vie bouleversée par la rencontre avec No et Lucas**

La vie de Lou va prendre un tournant suite à sa rencontre avec No, la jeune SDF de cinq ans son aînée. No a une certaine sensibilité, une fragilité et une maladresse qui font écho au caractère de Lou. Elle aussi tente d'avoir « *l'air normal* » (p. 59).

Le **besoin d'affection et d'amitié** de Lou est enfin comblé grâce à sa fréquentation de No. Elle a trouvé une personne qui ne la juge pas, la laisse parler, quelqu'un de fragile comme elle. Peu à peu, Lou va recourir au mensonge auprès de ses parents pour dissimuler ses nombreuses rencontres avec la sans-abri (p. 62-63).

Plus tard, No s'installe chez les Bertignac, grâce au plaidoyer de Lou : les deux filles cohabitent sous le même toit et vivent une **amitié sincère et désintéressée** ; Lou est pleine d'intentions nobles : « *c'est une nouvelle vie qui commence pour elle, j'en suis sûre, une vie avec abri, et moi je serai toujours là, à côté d'elle, **je ne veux plus jamais qu'elle se sente toute seule, je veux qu'elle se sente avec moi** » (p. 117) ; « rien ne pourra jamais nous séparer* » (p. 120). Peut-être qu'elle veut la considérer comme la grande sœur qu'elle n'a jamais eue : « *tu fais partie de notre famille…* ».

Signe de cet attachement, Lou ressent une **pointe de jalousie envers sa mère**, en constatant que No lui parle « *sur un ton particulier* », « *pas comme on s'adresse à un* *enfant »* : « *j'avoue que ça me pique à l'intérieur, comme des petites aiguilles qu'on enfoncerait dans mon cœur* » (p. 150).

No cherche à se rassurer auprès de Lou : « *On est ensemble, hein ?* » mais elle se montre peu à peu moins enthousiaste : « *Je suis pas de ta famille, Lou. C'est ça qu'il faut que tu comprennes, je serai jamais de ta famille* » (p. 174).

Plus tard, No doit partir de l'appartement des Bertignac. De nouveau, Lou recourt au mensonge pour cacher le fait que No est hébergée chez Lucas (p. 194-195). Enfin, le climax du roman a lieu lorsque Lou fugue et décide de partir en Irlande avec No. Cette initiative est un échec et Lou rentre chez elle, non sans avoir causé une grande inquiétude chez ses parents. Ce moment est un point de rupture : « *quelque chose venait de m'arriver qui m'avait fait grandir. Je n'avais pas peur* » (p. 244).

La rencontre avec **Lucas**, le rebelle de la classe, est tout aussi marquante. On observe le rapprochement entre les deux camarades, au fil de l'histoire. Très vite, on comprend qu'elle est amoureuse de lui (p. 23). L'amour de Lou envers Lucas s'amplifie peu à peu et elle ressent les symptômes physiques de cet amour : elle en perd ses mots (p. 38), ressent comme un « *trou d'air* » dans le ventre (p. 79), a le souffle coupé (p. 159). Dès les premières pages, Lucas lui sourit et est intrigué par elle. On saisit rapidement que Lucas a également des sentiments pour la jeune fille.

Alors que le couple No-Lou tend vers la fusion, le couple Lou-Lucas se rapproche d'une **complémentarité**, d'une alliance entre le yin et le yang, d'un fort contraste qui s'accorde bien : « *ses copies blanches et l'excellence de mes notes, ses trois jours de renvoi et mes devoirs cités en exemple, sa douceur avec moi, pourtant à l'extrême opposé de lui* » (p. 104) ; « *Il est le roi, l'insolent, le rebelle, je suis la première de la classe, docile et silencieuse. Il est le plus âgé et je suis la plus jeune, il est le plus grand et je suis minuscule* » (p. 122). Paradoxalement, **Lou apprend auprès de lui**, comme on le voit lorsqu'elle adopte son jugement quant aux relations parents-enfants (p. 168).

Ces relations amicales, avec leurs hauts et leurs bas, vont **faire gagner Lou en maturité** : elle est transformée à la fin du roman, par l'amitié sincère de No et par l'amour de Lucas, mais aussi par l'affection retrouvée de sa mère.

*

Le profil de Lou fait fortement penser à celui de Paloma, l'héroïne du roman *L'Élégance du hérisson* (Muriel Barbéry, 2006). Dans l'intrigue de ce livre, la jeune parisienne ne se lie pas d'amitié avec une SDF mais avec une concierge, autre figure du personnage méprisé par une partie de la population. Là encore, la narratrice offre un point de vue assez piquant et lucide sur la société dans laquelle elle vit.

Le père de Lou travaille à l'international (« *mon père a évoqué son prochain voyage en Chine* », p. 11). On comprend plus tard que c'est un **manager** : « *Mon père, on voit bien qu'il encadre une équipe de vingt-cinq personnes à son travail* » (p. 172). Il gagne sûrement bien sa vie, ce qui permet aux Bertignac de vivre dans un appartement parisien plutôt confortable.

Lui aussi a beaucoup souffert de la mort de son petit bébé, mais représente le pilier de la famille malgré les épreuves. Il maintient un semblant de routine familiale, au gré des événements, comme pour Noël (p. 83) ; il « *s'y connaît en illusion familiale* », comme le note sa fille Lou, qui est lucide sur la situation mais reste touchée par ses efforts, ses petites attentions et sa résilience.

Ainsi, Bernard se montre **affectueux envers sa fille**, et parfois même un peu **taquin**. Il se démène pour « mettre de l'ambiance » à la maison et pour satisfaire la curiosité insatiable de sa fille (« *il n'abandonne jamais même quand il est fatigué* », p. 95). En définitive, **il remplit bien son rôle de père et d'époux** : « *Mon père, s'il avait voulu, il aurait pu être un bon flic de série télé. Il ne s'énerve jamais, il a une veste en cuir, une épouse malade dont il s'occupe très bien et une fille adolescente un peu pénible, bref, tous les ingrédients nécessaires pour qu'on s'attache à lui et qu'on n'ait pas envie qu'il lui arrive quelque chose* » (p. 95). Toutefois, il lui arrive cependant de craquer : « *mon père pleure en cachette dans la salle de bains* » (p. 14).

Après l'arrivée de No, il reprend courage devant les progrès de son épouse : « *Quand ma mère était très malade, c'était plus compliqué, mais maintenant qu'elle reprend des forces, il est en train de nous mijoter un programme en quatre étapes de retour à la vie* » (p. 172). Plusieurs semaines après le passage de la SDF à la maison, la complicité semble enfin retrouvée, et les parents de Lou sont plus épanouis.

Quand Lou était petite, sa maman Anouk était très présente à ses côtés et jouait par exemple aux Playmobil avec elle, en inventant des histoires « *mille fois recommencées* » (p. 211).

Hélas, suite au décès brutal de sa petite Thaïs, elle tombe en **dépression** : elle ne peut plus travailler et se replie sur elle-même. Un jour, alors que sa fille Lou se blesse au genou dans un parc, Anouk ne bouge même pas de son banc : elle est amorphe et vit dans son monde. C'est finalement une dame qui soigne la petite et désinfecte la plaie, puis l'emmène auprès de sa maman. Anouk est ainsi devenue repliée sur elle-même, coupée des besoins de son enfant.

La situation ne s'arrange pas : elle est placée en hôpital psychiatrique et traitée médicalement : elle devient voûtée et ses mains tremblent (p. 52). Plus tard, elle sort de l'hôpital : Lou doit s'habituer à sa « *silhouette immobile, brisée* » (p. 52).

Au moment de l'intrigue, plusieurs années après, elle vit avec son mari et sa fille. Malheureusement, **elle n'est toujours pas rétablie**. On le comprend à plusieurs passages, comme lorsque Bernard dit à sa fille : « *Tu sais, Lou, il faudra du temps pour qu'on retrouve l'ancienne maman. Beaucoup de temps. Mais il ne faut pas t'inquiéter. On y arrivera.* » (p. 43). Quelques pages plus loin, on réalise que **la situation reste préoccupante**. Lou reproche à son père d'affirmer aux autres que sa femme va mieux, alors que cela n'est pas vrai : « *Parfois j'ai envie de lui arracher le téléphone des mains et de hurler à toute force non Anouk ne va pas mieux, Anouk est si loin de nous que nous ne pouvons pas lui parler, Anouk nous reconnaît à peine, elle vit depuis quatre ans dans un monde parallèle, inaccessible, un genre de quatrième dimension, et se fout pas mal de savoir si nous sommes vivants. Quand je rentre chez moi je la trouve assise dans son fauteuil au milieu du salon. Elle n'allume pas la lumière, du matin jusqu'au soir elle reste là, je le sais, sans bouger, elle déplie une couverture sur ses genoux, elle attend que le temps passe. […] Les questions sont toujours les mêmes, […] elle écoute les réponses d'une oreille distraite, nous sommes dans un jeu de rôle, elle est la mère et moi la fille, chacune respecte son texte et suit les indications* » (p. 54-56).

Ainsi, pendant les deux premiers tiers du roman, **la vie semble arrêtée pour Anouk** : elle ne sort pas de chez elle (p. 14) et a perdu goût pour le voyage : « *Pendant les vacances de Noël nous restons à Paris. Ma mère n'aime plus les voyages, la campagne, la montagne, c'est au-dessus de ses forces, elle a besoin de rester là en terrain connu* » (p. 83). Elle continue à prendre des médicaments, notamment pour dormir (p. 162).

La relation mère-fille (Anouk-Lou) paraît purement formelle, et le **lien d'affection est très distendu voire rompu**. Lou en **souffre** : on le constate très tôt dans le roman. En effet, lorsqu'elle se prépare pour la soirée d'anniversaire de Léa et Axelle, elle n'attend qu'un petit compliment de sa mère pour se donner du courage. Finalement sa mère ne lui fera aucune remarque ; « *si elle avait dit tu es très jolie, ou seulement tu es toute mignonne, je crois que j'aurais trouvé la force de sortir. […] Mais ma mère est restée dans son silence* ».

Notons que Lou ne reproche pas à sa mère son attitude. Elle porte sur elle un **regard compatissant** : « *Ma mère a raison. C'est la vie qui est injuste et il n'y a rien à ajouter. Ma mère sait quelque chose qu'on ne devrait pas savoir* » (p. 102). En effet, vivre la mort de son propre enfant est un événement atroce, très douloureux, qui ne laisse pas indemne ; dans une situation normale, tout parent souhaiterait mourir avant son enfant. Lorsque l'inverse se produit, cela donne lieu à des déchirements, qui peuvent être invisibles (comme pour la mère de Lou) et/ou visibles (il arrive que des couples se séparent suite à cette tragédie).

Quoi qu'il en soit, cet apparent **manque de tendresse** se retrouve dans d'autres passages du roman : « *Plus jamais elle ne pose la main sur moi, plus jamais elle ne touche mes cheveux, ne caresse ma joue, plus jamais elle ne me prend par le cou ou par la taille, plus jamais elle ne me serre contre elle* » (p. 55) ; « *Je voudrais qu'elle me regarde comme les autres mères regardent leurs enfants* [...] *elle n'écoute pas, parce qu'elle a toujours l'air de penser à autre chose* [...] *elle ne sait plus qui je suis* » (p. 22) ; « *Je voudrais qu'elle me prenne dans ses bras, qu'elle caresse mon front, mes cheveux, qu'elle me serre contre elle jusqu'à l'apaisement des sanglots. Comme avant* » (p. 231). À mesure que l'histoire avance, Lou est ballotée par ses émotions et ce manque d'affection s'intensifie. Est-ce l'adolescence ? L'histoire qu'elle vit avec No et Lucas ? Un mélange des deux ?

Lou a même le sentiment que sa mère ne l'aime pas (p. 221) et lance ces mots durs : « *Maman, elle m'aime pas* [...] *Depuis que Thaïs est morte maman m'aime plus* ». Son père est secoué par ces propos. Il lui explique calmement qu'elle se trompe et que sa mère se réveille « *d'un long sommeil* » : « *Elle va mieux, beaucoup mieux, mais il faut lui laisser le temps* ». Sa mère aime sa fille mais ne sait plus l'exprimer.

Heureusement, dans *No et moi*, la **rencontre entre Anouk et No va permettre à la mère de se libérer,** de se **décharger de son fardeau**. C'est Anouk qui a, avant son mari, accepté de rencontrer No puis de l'accueillir. Au contact de la jeune sans-abri, la mère reprend goût à la vie, recommence à sortir et rappelle d'anciens amis (p. 131 ; p. 134-135). No devient une confidente. Les **souvenirs de la mère rejaillissent** et sa fille est surprise de constater que « *tout n'a pas été effacé* », que sa mère « *abrite dans sa mémoire des images en couleur, des images d'avant* » (p. 157).

Petit à petit, **sa relation avec son mari s'améliore** : une certaine complicité renaît, ils élaborent des projets ensemble, procèdent à un grand rangement de la maison… Autre signe : la mère retrouve certaines émotions et s'énerve contre sa fille qui ne range rien et met l'appartement sens dessus dessous : « *Je l'entends qui crie de l'autre côté, ça m'en bouche un coin, il y a bien trois milliards d'années qu'elle ne m'a pas engueulée* » (p. 219).

Cette libération se concrétise à la fin du roman, quand Anouk prend sa fille dans les bras : « *elle m'a attirée contre elle, sans un mot, elle pleurait comme jamais je ne l'avais vue pleurer* » (p. 244). Anouk est redevenue la femme et la mère qu'elle était.

Thaïs était une petite fille, un bébé voulu et attendu par ses parents. À la page 48, on apprend qu'elle est morte brutalement, victime du syndrome de la mort subite du nourrisson.

Au lycée
Lucas Muller

Âgé de 17 ans, Lucas est le « **cancre** » de la classe ; il redouble sa seconde (p. 214). C'est un grand garçon aux yeux « *immenses* » (p. 12), qui a une attitude assez **rebelle**. Même s'il est un peu provocateur, il n'est pas arrogant et reste respecté par ses enseignants, même le professeur de SES, M. Marin. Sa désinvolture cache une vraie **lucidité** sur le monde qui l'entoure : il sait, comme Lou, que « *le monde ne tourne pas rond. Il sait voir à travers les vitres et le brouillard, dans la couleur pâle des matins, il sait la force et la fragilité, il sait que nous sommes tout et son contraire, il sait combien c'est difficile de grandir* » (p. 98). En somme, « *c'est un garçon particulier* », qui malgré « *sa démarche de voyou* » garde « *un sourire d'enfant* » (p. 38).

Il vit « *presque seul dans un appartement de cinq pièces* » et son père, « *parti vivre au Brésil* », lui « *envoie de l'argent* » (p. 111). Sa mère vient rarement car elle vit avec son nouveau conjoint à Neuilly-sur-Seine. Une femme de ménage passe toutes les semaines chez lui. On comprend plus tard que le père de Lucas est parti car sa femme l'a quitté (p. 128).

Lucas est amoureux de Lou, comme on peut le comprendre dès les premières lignes du roman. Il paraît **séduit par la personnalité atypique de Lou** et lui dit un jour qu'elle est « *une fée* » (p. 98), peut-être un moyen de lui signifier sa pureté et sa beauté innocente. Il l'appelle aussi « *Pépite* » dès le début du roman, un surnom qui plaît à Lou et qu'il répètera à de nombreuses reprises. Peu à peu, il s'attache à cette fille différente des autres, petite de taille mais à l'esprit particulièrement vif et mature, comme lorsqu'elle s'investit pour une sans-abri, en dépit des « *mais* » : « — *Le problème, c'est les "mais", justement, avec les "mais" on ne fait jamais rien. — T'es toute petite et t'es toute grande, Pépite, et t'as bien raison* » (p. 121). Si Lucas a de mauvaises notes en classe, il a une certaine **sensibilité** (notamment artistique) et une **grande imagination** : lui et Lou imaginent des scénarios et sont tous les deux transportés dans leurs histoires.

La place de Lucas dans le roman est importante : il jouera un rôle clé dans l'évolution du personnage principal, et prendra une place de plus en plus importante présent dans l'intrigue. En effet, il s'implique pour No et lui apporte **soutien et amitié**. Il se rapproche progressivement de Lou et passe davantage de temps avec elle après les cours, d'abord avec No, puis parfois rien qu'eux deux après que No a trouvé du travail dans un hôtel.

Lucas est un garçon **perspicace** et à la fin du roman, il comprend à la vue des billets qui dépassent du jean de No, que la sans-abri se prostitue. Il s'emporte : « *Lucas entre dans une rage folle, il la plaque contre le mur, il se met à hurler, il est hors de lui, je ne l'ai jamais vu comme ça, il hurle qu'est- ce que tu fais, No, qu'est- ce que tu fais, il la secoue à toute force, réponds- moi, No, qu'est- ce que tu fais ?* » (p. 227)

À la fin du roman, c'est lui qui embrasse Lou et concrétise l'amour mutuel que les deux personnages se portent.

M. Marin est le professeur de sciences économiques et sociales (SES) du lycée.[3] Il enseigne depuis 35 ans et dicte son cours sans utiliser de notes (p. 205).

M. Marin représente l'archétype de l'enseignant un peu **vieillot et réactionnaire**[4], **sévère** et **grinçant**, qui a parfois dans ses propos une **pointe d'humour ironique voire caustique**. Par moments, M. Marin se montre **dur et rabaissant**, notamment envers Lucas :

« *Votre matériel est resté sur la plage ?* » (p. 21)
« *– Tracez un rond. Lucas prend la craie, s'exécute. – C'est votre note* » (p. 78) ;
« *– Monsieur Muller, levez-vous et comptez jusqu'à 20. […] – Un, deux, trois, …*
– STOP ! … C'est votre note, monsieur Muller : trois sur vingt… » (p. 214).

Une autre fois, il se montre acerbe envers Axelle Vernoux, qui vient de se couper les cheveux très court, avec une mèche. Au moment de faire l'appel, il la note absente. Elle proteste : « *– Mais Monsieur Marin, je suis là ! Il la regarde, la mine vaguement dégoûtée. – Je ne vous connais pas* ». Puis il exclut de classe son élève Lou qui a protesté en disant « *c'est dégueulasse* ».

Selon Lou, « *Monsieur Marin est la Terreur du lycée* » (p. 32)

Pourtant, plus tard, M. Marin se montre plus avenant. On sent peu à peu qu'il n'est pas ce professeur tyrannique qui nous a été présenté (notre point de vue de lecteur évolue avec celui de la narratrice).

On le lit par exemple lorsqu'il sourit à Lou et lui dit « *Prenez soin de vous* » (p. 206). Politiquement, il se montre sensible aux idées de son jeune public, notamment

---

[3] Au moment de l'intrigue, les SES sont une option facultative en seconde.

[4] **Réactionnaire** (adjectif et nom) : opposé au changement, qui se montre partisan d'un conservatisme étroit ou d'un retour vers un état social ou politique du passé.

vis-à-vis de la pauvreté en France : « *j'ai emprunté pour vous à la bibliothèque un ouvrage très intéressant sur l'exclusion en France, je vous le confie, ainsi que cette photocopie d'un article récent paru dans "Libération"* » (p. 34). Dans ce passage, M. Marin donne à Lou l'extrait d'un quotidien traditionnellement « de gauche », ce qui paraît paradoxal pour un professeur aux idées conservatrices (on s'attendrait à ce qu'il préfère des journaux dits « de droite », comme *Le Figaro* ou *Le Point*).

On comprend progressivement qu'il n'est pas cet être froid et insensible ; ainsi, il déclare à Lou qu'elle est une « *utopiste* » (p. 165), mais peut-être est-ce une forme de **projection**[5] ? En effet, l'enseignant paraît étouffer ses idéaux car il connaît la réalité de la « *vraie vie* » : « *Monsieur Marin, quand il fait les cent pas dans la classe, mains dans le dos, sourcils froncés, on voit bien qu'il a dans la tête toute la réalité de la vie, en formule concentrée. La vraie réalité de l'économie, des marchés financiers, des problèmes sociaux, de l'exclusion et tout. C'est pourquoi il se tient un peu voûté* » (p. 165). En pensant aux chaussettes de couleur différente de son enseignant, Lou conclut : « *on ne m'ôtera pas de l'idée qu'il faut avoir un petit coin de sa tête accroché dans les étoiles* » (p. 165). Ainsi, M. Marin paraît être un « rêveur résigné », qui est aujourd'hui **fataliste** : « *C'est Monsieur Marin qui a raison, Il ne faut pas rêver. Il ne faut pas espérer changer le monde car le monde est bien plus fort que nous* » (p. 191).

Vers la fin du livre, il se dévoile davantage et on entre dans son **intimité** : avant les vacances, il offre à Lou un livre de son enfance, qui « *a été très important* » pour lui, quand il était « *jeune homme* » (p. 249). Puis, ses derniers mots à Lou sont : « *Ne renoncez pas* ». Il lui conseille de ne pas abandonner ses idéaux, d'aller jusqu'au bout de ce qui lui semble juste.

M. Marin est donc un **personnage touchant**, sous des dehors de professeur sec et cassant.

Mme Rivery

C'est la professeure de français de Lou et Lucas ; la jeune fille « *l'adore* » (p. 139). Elle représente une certaine autorité intellectuelle pour la jeune fille, même si elle n'apparaît pas dans les dialogues. Le cours de Mme Rivery l'a aidée à structurer son discours : on en voit une illustration lorsque Lou tient un discours devant ses parents, afin qu'ils acceptent d'héberger No (« *Madame Rivery nous l'a enseigné* », p. 107).

---

[5] La projection correspond à l'opération mentale par laquelle une personne attribue à quelqu'un d'autre ses propres sentiments. Ici, M. Marin estime que Lou est idéaliste, mais c'est sans doute lui-même qui a cette caractéristique au fond de lui.

No (de son vrai nom Nolwenn) est âgée de **18 ans** et n'a pas de domicile fixe : **elle a dû quitter le foyer d'urgence dans lequel elle habitait** car elle vient d'être

Gare d'Austerlitz, Paris

majeure (p. 58). Au moment où commence l'intrigue, elle reste souvent aux abords de la gare d'Austerlitz, dans le sud-est de Paris. Quand elle peut, elle loge chez des amis. Il lui est arrivé de dormir dehors, sous une tente, ou d'appeler le SAMU social (le 115) pour avoir un hébergement d'urgence.

On apprend plus tard que sa mère vit à Ivry-sur-Seine et que No a été placée dans une **famille d'accueil** alors qu'elle avait 12 ans (p. 67). Puis elle se dévoile au milieu du roman, en parlant avec Anouk : elle raconte que sa mère, Suzanne, s'est faite violer quand elle avait 15 ans. No est donc issue d'un viol et sa mère ne l'a jamais prise dans les bras. Elle a été **élevée par ses grands-parents** jusqu'à l'âge de 7 ans. Elle revint alors vivre chez son beau-père et sa mère, à Choisy-le-Roi, puis à 12 ans, elle fut placée dans une **famille d'accueil** dans une petite ville de Normandie. Ensuite, après des fugues, elle fut placée dans un **internat**. Là-bas, elle fit la connaissance avec Geneviève, qui devint sa seule vraie amie, et avec Loïc, qui allait devenir son petit copain. Lorsque ce dernier partit vivre en Irlande, à ses 18 ans, en lui promettant de la revoir, et que Geneviève partit pour étudier, No se retrouva seule et recommença à fuguer. Après une virée dans un bar où elle but jusqu'à être amenée à l'hôpital, elle fut placée dans un **foyer d'accueil d'urgence pour mineurs**, dans le 14ème arrondissement de Paris. C'est quelques semaines ou quelques mois plus tard qu'elle rencontra Lou, la jeune lycéenne (p. 202).

No porte sur elle les **stigmates de la souffrance** : il lui manque une prémolaire (p. 19), elle a les ongles « *rongés jusqu'au sang* », le teint pâle, les « *yeux agrandis par la maigreur* » (p. 20). Lou décèle très tôt chez elle « *une épine, un secret qu'elle n'avait jamais dit à personne* », « *qu'elle connaissait de la vie quelque chose qui fait peur* » (p. 20). On lit aussi qu'elle est « *maigre* », « *doit peser quarante kilos* » (p. 116) et « *a un corps de garçon* » (p. 113).

Elle paraît cependant jeune : « *elle a dix-huit ans et en paraît à peine quinze* » (p. 116). On lit aussi qu'elle a une **cicatrice** à l'arcade. On apprend plus tard que ce stigmate a été causé par sa mère Suzanne qui, un jour, l'a repoussée violemment alors qu'elle voulait un câlin, quand elle était petite (p. 147).

Dès la deuxième rencontre entre les deux filles, No a l'air d'avoir changé en mal : « *elle est plus pâle ou plus sale, et son regard plus difficile à attraper* » (p. 27). Toutefois, lors d'une nouvelle entrevue, Lou l'examine bien et se rend compte qu'elle est « *très jolie* » en réalité, mais est très négligée, ce qui dissimule sa beauté (p. 42).

No dépeint à Lou la dure réalité : « *dehors, on n'a pas d'amis* » (p. 58), « *Dehors, elle n'est rien d'autre qu'une proie* » (p. 63). Après l'exposé de Lou, et malgré le rendez-vous pris, No disparaît subitement et Lou la cherche pendant plusieurs jours (p. 73). Elle la retrouve enfin devant la soupe populaire de la rue Clément (p. 91). No a changé en mal : Lou voit « *cette amertume à ses lèvres, cet air de défaite, d'abandon* ».

No est finalement **accueillie au sein de la famille Bertignac**, grâce à Lou. Petit à petit, elle remonte la pente. Le père, la mère et Lou font tout pour qu'elle s'intègre bien, et No s'acclimate très bien. Le projet de No, qu'elle dévoile à Lou, est de rejoindre Loïc, quand elle « *aurait de l'argent et une nouvelle dent* » (p. 138).

Épaulée par Lou et Lucas, **elle entreprend des démarches pour trouver du travail**. Hélas, elle cumule plusieurs handicaps : elle a arrêté l'école en troisième, ne parle aucune langue étrangère, ne sait pas utiliser un ordinateur et n'a jamais travaillé (p. 139). Elle trouve tout de même un **travail dans un hôtel** : la famille Bertignac fête avec elle cette bonne nouvelle.

La situation se détériore peu à peu pour elle, son travaille est difficile et elle finit par travailler une partie de la nuit. Peu à peu, elle prend une apparence plus soignée (elle se maquille et met une mini-jupe, p. 173), puis « *quelque chose* » lui arrive, comme l'évoque Lou : « *On marche en silence et maintenant je sais qu'il lui est arrivé quelque chose, quelque chose qu'on ne peut pas dire, quelque chose qui fait basculer* » (p. 175).

No travaille parfois toute la nuit et termine parfois dans un **état lamentable**, si bien que le père de Lou la retrouve à l'entrée ou au bas de l'immeuble au petit matin, et la met à l'abri dans l'appartement (p. 185). No « *n'est plus la même* » (p. 197). Elle boit encore plus d'alcool pour oublier ses malheurs (p. 200).

Elle est forcée de quitter l'appartement des Bertignac, et est hébergée chez Lucas, dans la chambre de la maman absente. No est lunatique et semble aller mal. Une nuit, Lou et Lucas s'aperçoivent que des billets de 50 euros sortent de sa poche. Lucas s'emporte : il a compris que No se prostitue.

Le regard de No indique de la détresse : elle n'arrive pas à sortir du piège dans lequel elle s'est enfermée (p. 226-227).

Plus tard, le père de Lou comprend que No est hébergée chez Lucas. No doit alors partir car la mère de Lucas est au courant et va se rendre à l'appartement.

Elle plie bagage et part direction gare Saint-Lazare, pour se rendre en Irlande. Lou décide de la suivre, comme No le lui avait proposé. Mais à la gare, No part chercher les tickets pour Cherbourg et ne revient pas chercher Lou, qui attend toute la journée sur le banc, comme sonnée, puis rentre chez ses parents.

No sort de la vie de Lou comme elle est arrivée : subitement. Entre temps, son irruption dans la vie des Bertignac a joué comme une **catharsis**[6] : No a cristallisé les émotions des autres, qui ont pu se décharger de leur fardeau et enfin avancer. No a provoqué une **crise**, au sens propre du terme, car le mot « crise » vient en effet du verbe grec *krinein* qui veut dire « séparer, choisir, décider, juger », avec l'idée **de faire le tri**. Une période de crise peut ainsi être interprétée comme un moment décisif où un tri est fait, qui a pour conséquence d'opérer un **changement profond**, ce qui est précisément le cas ici. En l'occurrence, le changement est positif, malgré la douleur qui l'accompagne (les pleurs, la douleur liée à la fugue et au départ de No...).

No, le diminutif du prénom Nolwenn, est intéressant : **il rappelle le « non » anglais**, qui symbolise ici la révolte de la jeune femme à un monde qui l'ignore voire la rejette. Dans le titre, No est placé avant « *moi* » (c'est-à-dire Lou), signe que No est le centre du roman, que tout gravite autour d'elle.

Autres protagonistes
Geneviève

Cette femme brune aux cheveux bouclés est vendeuse au rayon charcuterie d'un hypermarché (p. 86). On apprend plus tard qu'elle a perdu ses parents dans un incendie et qu'elle était dans l'internat de No (p. 149). Là-bas, on la surnommait « *la sauvage* » car elle « *piquait des crises de nerfs* », arrachait les rideaux et « *cassait les vitres* ». Elle deviendra amie avec No et l'invitera chez ses grands-parents.

Geneviève avait « *la rage de s'en sortir* » (p. 150). Elle décida de s'investir pleinement dans ses études et décrocha finalement un BEP : elle partit vivre à

---

[6] Dans son sens d'origine, cela désigne un effet de « purification » produit sur les spectateurs par une représentation dramatique (au théâtre). Dans son sens élargi, cela renvoie à une méthode thérapeutique qui a recours à l'extériorisation de crises émotionnelles vécues par le patient pour y trouver la solution (en psychologie).

Paris et trouva du travail (No prit le chemin inverse et recommença à fuguer, lire p. 150).

Au moment de l'intrigue, elle travaille à Auchan, comme vendeuse. Elle héberge parfois No. Lorsque No disparaît, Geneviève n'a aucune nouvelle d'elle et ne peut donc en donner à Lou (p. 87). À la fin de l'histoire, rebelote : Lou, cette fois accompagnée de Lucas, demande si elle a des nouvelles de No depuis son départ pour l'Irlande. Geneviève n'en a eu aucune. Elle leur révèle aussi que Loïc n'a en réalité jamais écrit à No depuis son départ.

On apprend son existence dans le premier tiers du roman : elle « *vit à Ivry* » et ne s'est « *jamais occupée* » de sa fille (p. 67) ; on apprend plus tard qu'elle a enfanté Nolwenn après avoir été violée à l'âge de 15 ans (p. 131). Elle ne montrait alors aucune affection pour sa petite. Elle partit vivre avec son nouveau conjoint à Choisy-le-Roi, alors que Nolwenn était âgée de trois ans.

La petite partit alors vivre avec ses grands-parents puis, à ses sept ans, retourna vivre avec sa mère et son beau-père après la mort de sa grand-mère. Suzanne ne montra toujours aucune affection envers sa fille et son conjoint lui fit des reproches à cause de cela. Les disputes éclatèrent au sein du couple et Suzanne fut quittée par son conjoint puis sombra dans l'alcool.

Elle partit vivre dans un HLM à Ivry avec sa fille, et ne s'occupa guère d'elle : c'est au contraire Nolwenn qui aidait sa mère (p. 148). À 12 ans, Nolwenn fut placée dans une famille d'accueil et depuis, elle n'a vu sa mère que « *trois ou quatre fois* » (p. 67).

Au milieu de l'intrigue, No veut voir sa mère et se rend à Ivry avec son amie Lou. Hélas, **sa mère ne lui ouvre pas la porte**. Les propos de No, p. 67, semblent confirmés (« *Il paraît que sa mère a un fils. Qu'elle a refait sa vie* ») : en effet, il y a un enfant chez elle à présent (p. 167-168). Après cette épisode, No reste meurtrie à cause du refus de sa mère de la revoir.

Loïc était dans le même internat éducatif que No, on apprend qu'elle était amoureuse de lui (p. 104). Il est plus âgé qu'elle (p. 149) et avait commis des délits avant d'être placé : braquage de boulangerie, vols… (p. 202).

À l'internat, lui et No étaient inséparables : ils sortaient ensemble, jouaient aux cartes, faisaient le mur la nuit…

À l'âge de 18 ans, il partit vivre en Irlande pour « *chercher du travail et changer de décor* » (p. 202). Il promit d'écrire à No et de la tenir au courant, ce qu'il aurait fait d'après No : « *Les lettres de Loïc elle les a cachées quelque part, dans un endroit qu'elle seule connaît. Des dizaines de lettres* » (p. 203).

Au moment de l'intrigue, Loïc « *travaille dans un pub à Wexford et habite une grande maison dans la campagne* » (p. 225).

À la fin du roman, Geneviève révèle à Lou et Lucas qu'en réalité, Loïc n'a jamais écrit à No : c'est un éducateur de l'internat qui leur a fait savoir que Loïc travaillait à Wexford (p. 247).

Personnages secondaires
Dans la famille de Lou (les Bertignac)
Sylvie (la tante)

C'est la sœur du père de Lou, elle habite en Dordogne avec son mari et ses enfants. Elle vient généralement rendre visite la famille de Lou à Noël. Elle ne se gêne pas pour critiquer l'attitude de la mère de Lou, même en sa présence (p. 84). Un jour, Lou lui reproche ses réflexions déplacées : « *et toi, Sylvie, comment tu serais si tu avais tenu ton enfant mort dans tes bras ?* »

Plus tard dans le roman, le mari de Sylvie lui demande le divorce car il a rencontré une autre femme (p. 170). La famille Bertignac se rend chez elle pour la soutenir, et laisse No dans l'appartement parisien. Ils la découvrent la mine défaite, « *Elle a dû comprendre d'un seul coup qu'on ne peut pas toujours avoir l'air d'aller bien* ». Cela « *fait de la peine* » à Lou de la voir « *comme ça* » (p. 176).

La grand-mère et le grand-père

La grand-mère de Lou paraît bon chic bon genre, elle veut apprendre les bonnes manières à sa petite-fille (p. 124). Elle semble un peu fermée d'esprit et se permet de donner son avis sur tout. Elle fait des reproches envers la mère de Lou, même en sa présence. Elle conseille aussi à Bernard d'inscrire Lou à des activités : autrement, « *la tête va finir par lui tomber entre les pieds* » car son cerveau ne s'arrête jamais (p. 97).

Tante Yvonne (la sœur de la grand-mère)

Lou a un jour rendu visite à sa tante, une femme chic qui a épousé le « *fils d'un vrai Duc* » (p. 124). Lou raconte une anecdote drôle à No : en buvant le thé, elle a fait une remarque désobligeante à sa tante, sans le faire exprès, ce qui l'a fait rire (elle a dit « *c'est dégueulasse* » au lieu de « *c'est délicieux* »)

Ce sont deux filles de la classe de Lou. Léa aux yeux bleus, avec un « *sens inouï de la répartie* » (p. 34) et « *tous les garçons la regardent* ». Axelle, qui « *n'a peur de rien* », attire l'attention même si elle est « *moins jolie* » que son amie.

Juste après la rentrée, elles invitent Lou à leur anniversaire. Lou se prépare mais finalement, au dernier moment, ne vient pas. Axelle dit alors à Lou qu'elle a « *raté la fête de l'année* ». Dès lors, Léa et Axelle n'adressent plus la parole à Lou.

Au milieu de l'année (après les vacances de Noël), elles se rendent compte que Lucas s'est rapprochée de Lou. Les deux filles se montrent alors plus souriantes et lui disent bonjour (p. 122).

Axelle remercie Lou après qu'elle a reproché à M. Marin d'avoir ironisé sur sa nouvelle coupe de cheveux (p. 127).

Plus tard, après les vacances de février, les deux amies invitent Lucas et Lou à une fête chez Léa (p. 207). Lucas est d'accord et parle avec elles, mais Lou ne répond pas et est inquiète, cette fois-ci par rapport à No (alors hébergée chez Lucas). Lou ressent aussi de la jalousie par rapport à Léa (p. 208).

À la fin de l'histoire, Lou paraît réconciliée avec Léa et Axelle : Léa fait même promettre à Lou, devant témoins, qu'elle viendrait à sa boum d'anniversaire l'année suivante (p. 248).

Gauthier de Richemont

C'est un camarade de classe qui n'est pas très apprécié. Un jour, il bouscule Lou et ne s'excuse pas : Lucas le menace de lui « *casser la gueule* ».

Jade Lebrun et Anna Delattre

Ces « *filles très belles* » de terminale interviennent vers la fin du roman (p. 215). En parlant à Léa et Axelle, elles racontent avoir vu Lucas avec une « *fille super bizarre* » avec une « *tronche de cadavre* », et il était en train de l'engueuler « *à mort* » : on comprend vite que la « fille bizarre » est No.

Dans la rue
Roger, Momo, Michel

Ce sont des SDF que Lou connaît.

Vers la fin du roman, Lou et No croisent Momo, un soir. Lou l'interpelle et No lui tend 20 euros. Mais Momo la toise et refuse le billet puis crache par terre.

On comprend que No n'est plus acceptée par ce monde qu'elle fréquentait auparavant : « *Elle n'est plus de ce monde et elle n'est pas du nôtre non plus, elle n'est ni dehors ni dedans, elle est entre les deux, là où il n'y a rien* » (p. 201).

Mouloud

C'est un SDF du quartier de Lou, un homme aux yeux bleus d'origine kabyle, qui vit avec son chien. Il aurait été ouvrier chez Renault pendant 10 ans, puis sa femme l'aurait quitté et il se serait retrouvé à la rue.

On apprend sa mort au chapitre 13 (p. 80), d'une embolie pulmonaire. Apprenant cette nouvelle, des gens collent alors des affiches, des lettres et hommages au mur, allument des bougies et déposent des fleurs. Il y a même un rassemblement autour de sa tente à présent vide, et un article dans *Le Parisien*.

Cette histoire reflète l'hypocrisie de beaucoup de gens : Mouloud est délaissé voire ignoré lorsqu'il est SDF, et ce n'est qu'à sa mort qu'on s'intéresse enfin à lui, et on se donne bonne conscience en honorant sa mémoire.

Autres personnages secondaires
Mme Cortanze (psychologue)

C'est une psychologue que Lou a rencontrée pendant quelques mois, lorsqu'elle était en CM2 (p. 49). Mme Cortanze lui a expliqué que Lou était IP (intellectuellement précoce) : c'est comme si elle avait une voiture « *plus rapide, plus performante* » que la plupart des voitures (p. 36).

Mme Garrige (femme de ménage)

C'est la femme de ménage qui vient une fois par semaine chez Lucas. Les deux lycéens font tout pour cacher la présence de No, à partir du moment où elle est hébergée chez Lucas (p. 199).

Les Langlois (famille d'accueil)

Six ans avant l'intrigue, Monsieur et Madame Langlois tenaient une station-service à l'entrée de Colombelles, ville située en Normandie. Ce couple avait trois enfants qui, adultes, avaient quitté la maison ; ils s'étaient portés candidats comme famille d'accueil et prirent en charge la petite Nolwenn, alors qu'elle était âgée de 12 ans (p. 148). Nolwenn resta chez eux plusieurs années, et son grand-père venait lui rendre visite un après-midi par mois.

Hélas, à l'entrée du collège, No devint insolente, rentrait tard, fuguait... elle fut alors envoyée dans un internat éducatif situé à proximité.

Le roman n'est pas découpé en chapitres numérotés, mais en courts passages de plusieurs pages sans numérotation. Nous avons écrit un titre et le lieu entre parenthèses, pour chacune de ces parties.

1.   Le choix du sujet d'exposé (*en classe*)

L'intrigue commence dans une **salle de classe**.[7] Lou, une jeune fille timide, rêveuse et surdouée, est interpellée par son enseignant, M. Marin. Il lui demande le sujet de son exposé. Prise de court, elle répond qu'elle va faire son exposé sur les **sans-abri**, et plus spécifiquement sur **l'itinéraire d'une jeune femme SDF**, qu'elle va interviewer. L'enseignant accepte ; à la fin du cours, il lui conseille de **faire attention** et d'être accompagné par un parent, mais Lou lui répond : « *Ne vous inquiétez pas. Tout est organisé* ».

2.   Rencontre avec No (*gare d'Austerlitz*)

Lou confie qu'elle aime bien se rendre à la **gare d'Austerlitz**, pour y voir les gens se réunir ou se séparer. Elle narre alors sa rencontre avec No, une jeune sans-abri qui l'aborde et lui demande une cigarette. Elles échangent quelques mots et se présentent, puis No demande un peu d'argent. No demande ensuite à la jeune fille sa classe et son âge : Lou a 13 ans et est en seconde. Elle est en avance : Lou explique qu'elle a sauté deux classes.

On apprend que **Lou est en décalage par rapport aux autres**, d'abord par son âge (elle a sauté une classe) et par ses pensées.

Lou décèle chez la jeune SDF un « *secret* » mais ne saurait dire lequel.

3.   Rencontre avec Lucas le jour de la rentrée (*lycée*)

Lou évoque Lucas, un garçon qu'elle a aperçu au premier jour de la rentrée de seconde, un jeune « *à qui la vie ne fait pas peur* » et qui subit les foudres de son professeur à cause de ses mauvais résultats et son attitude nonchalante. En classe, c'est le premier à avoir souri à Lou au moment où elle était intimidée, étant nouvelle dans le lycée.

On revient au présent : Lou connaît maintenant les gens de sa classe. Elle est aussi tombée amoureuse de Lucas.

---

[7] Le roman débute *in medias res* (c'est-à-dire : « au milieu des choses »). C'est un procédé littéraire qui consiste à placer sans préalable le lecteur au milieu d'une action, les évènements qui précèdent n'étant relatés qu'après coup.

4.   Un café avec No (*gare ; brasserie « Le Relais d'Auvergne »*)

Lou se rend à la gare d'Austerlitz pour retrouver No. Elle la trouve en train de mendier puis l'invite à boire quelque chose. No accepte, prend avec elle ses sacs et suit la jeune fille.

No passe le bonjour à des connaissances sur le chemin : elle connaît les gens de la gare. Lou lui propose de s'asseoir à un café, mais elle refuse : « *là, elle est grillée* ». Finalement, elles vont dans un restaurant-brasserie, « *Le Relais d'Auvergne* ». Alors que Lou commande un coca, No demande une vodka, ce qui étonne le serveur. Il toise No, habillée d'un blouson sale, puis acquiesce et s'en va. Plus tard, les deux filles sont servies : Lou a « *mal au ventre* » en voyant les « *mains noires* », les « *ongles rongés jusqu'au sang* » et les « *traces de griffures sur les poignets* » de No : la SDF est « **abîmée** » (p. 27).

No demande à Lou où elle habite. Elle habite à Paris, « Filles du Calvaire » (un bon quartier). Lou retourne la question à No, qui lui répond en faisant un geste de main qui veut dire « *nulle part* ». Elle dit ne pas avoir de parents. No est agitée. Elle reprend une vodka et vole une cigarette sur la table à côté. Elle demande à Lou de lui parler. Gênée, Lou dépasse sa timidité et commence à parler d'elle, de son enfance, de sa nouvelle classe, de Lucas, de ses occupations… No écoute avec un « *air amusé* » et n'a pas l'air de la « *trouver bizarre* » : Lou se livre donc à elle. No finit par s'endormir, la tête dans les bras. Vers sept heures du soir, Lou décide finalement de partir, de peur de se faire « *engueuler* » par ses parents. Elle dit au revoir à No, qui va rester un peu au café. Lou demande : « *Est-ce qu'on pourra se revoir ?* » et No répond : « *Si tu veux.* » Lou s'en va, fait un signe à No à travers la vitre mais No ne la regarde pas.

5.   L'angoisse de l'exposé (*lycée*)

M. Marin vient à rencontre de Lou à la fin d'un cours, pour lui parler au sujet de son exposé. Il lui donne des supports bibliographiques (livre et extrait de journal). Lou va ensuite dans la cour de récréation. Elle se retrouve seule : cela fait deux mois que la rentrée est écoulée, et « *plus personne ne tente de venir* » à la place qu'elle s'est trouvée près d'un arbre.

Peu après la rentrée, Lou avait été invitée à l'anniversaire de deux camarades, Léa et Axelle, mais finalement elle ne s'y est pas rendue, par manque de courage et par l'absence de soutien de sa maman. Depuis, Léa et Axelle ne lui parlent plus.

Lou évoque la psychologue Madame Cortanze, qui lui avait expliqué qu'elle était IP (intellectuellement précoce), et que c'était comme avoir une voiture plus rapide et plus performante que les autres. Hélas, Lou a l'impression de ne pas du tout maîtriser ce « véhicule ».

Elle songe à mille et une façons d'esquiver son exposé qui la terrorise. Finalement, Lucas l'aborde à la sortie de la classe et tente de la rassurer : « *T'inquiète pas, Pépite, je suis sûr que tout va bien se passer.* »

6.   Nouvelle rencontre avec No et dîner avec le père (*métro, café, maison*)

Lou retrouve No, qui a « *l'air de très mauvaise humeur* ». Elle l'invite au café puis lui explique qu'elle doit interviewer une sans domicile fixe dans le cadre d'un exposé. No ne dit rien et reprend une bière. Finalement, elle semble accepter en demandant : « *Qu'est-ce que tu me donnes en échange ?* »

Il est tard : Lou rentre chez elle et dîne avec son père ; sa mère est déjà couchée. Le père tente d'animer la conversion. Lou a de la peine pour lui : il tente de faire bonne figure malgré la situation difficile, liée à la dépression de la maman. Lou, de façon inhabituelle, ne participe pas beaucoup à la discussion car elle est soucieuse par rapport à l'exposé, à No et à Lucas. Elle repense aux mots encourageants de son camarade de classe.

7.   *Flash-back*. **Le tournant** : Naissance et mort de Thaïs (*maison*)

Lou évoque certains moments du passé, en particulier les moments où elle regardait sa mère se maquiller. Elle repense alors à la grossesse de sa mère, cinq ans plus tôt, alors qu'elle était en CM2. Les parents de Lou voulaient avoir un enfant mais la mère de Lou ne tombait pas enceinte ; après des démarches à l'hôpital, le couple envisagea une transplantation d'embryon, mais finalement ils n'en eurent pas besoin : la mère tomba enceinte. Puis ce fut toute une excitation : Lou lut des livres sur le sujet de la grossesse et des bébés, la famille partit à la montagne durant l'été, changea l'agencement de la maison, acheta les vêtements pour la future petite fille… Puis ce fut l'émerveillement : enfin, **la petite Thaïs naquit**, pour le plus grand bonheur de sa mère, son père et sa grande sœur.

Hélas, un dimanche matin, ce fut le **grand déchirement** : la maman découvrit la petite Thaïs sans vie. Elle hurla, secoua la petite et l'embrassa. Puis elle se recroquevilla sur le bébé, à genoux, en pleurant et disant : « *non non non* ».

Le SAMU fut appelé et les médecins ne firent que constater la mort de la petite. Le papa de Lou, pâle et les lèvres tremblantes, pris sa fille à part et la serra dans les bras.

S'ensuivirent « *les faire-part, les conversations à voix basse, les innombrables coups de téléphone, les lettres, l'enterrement. Et puis un grand vide comme un trou noir.* » (p. 48)

La vie reprit mais la mère de Lou enchaîna les arrêts de travail. Lou consulta pendant plusieurs mois une psychologue car son institutrice jugeait son comportement « *anormal* » (p. 49).

L'état de la maman de Lou se dégrada et elle devint apathique, le regard dans le vide, passant son temps au lit ou devant la télé. L'été, Lou partit en vacances chez ses grands-parents en Dordogne. Son père vint la rejoindre pour lui expliquer que sa mère avait été « **admise dans un hôpital spécialisé pour les personnes en grave dépression** ». À la rentrée, Lou serait « *inscrite à Nantes dans un collège spécialisé pour les enfants intellectuellement précoces* ».

C'est ce qui se passa : Lou étudia pendant quatre ans dans cet établissement. Elle n'a que de vagues souvenirs de cette période. Elle visita sa mère affaiblie et tremblante, à l'hôpital psychiatrique. Puis la maman sortit : elle reprit un semblant de vie normale, et venait chercher Lou avec son mari lorsque la petite rentrait à Paris, un week-end sur deux.

Enfin, Lou a « *fini par revenir pour de bon* » : retour définitif à Paris et inscription dans un « *lycée normal pour élèves normaux* ». Lou fait part de sa tristesse : sa maman « *vit depuis quatre ans dans un monde parallèle, inaccessible* ». Elle ne va pas mieux. Ses gestes de tendresse lui manquent terriblement.

> 8.   Les rencontres avec No (*rue, Relais d'Auvergne*)

Lou retrouve désormais No de temps en temps, pour s'entretenir avec elle et préparer son exposé. Elles se voient au Relais d'Auvergne. Parfois, No ne vient pas aux rendez-vous. No n'a plus de domicile depuis qu'elle est majeure : elle a dû quitter son foyer il y a quelques mois, car elle a maintenant 18 ans. No lui présente d'autres SDF : Roger, Momo et Michel. Plus tard, elle lui précise toutefois que ce ne sont pas des intimes : « *dehors, on n'a pas d'amis* ». No raconte à Lou ses tracas, ses inquiétudes… Lou doit faire attention à ses mots car No peut se vexer et ne plus parler. La lycéenne s'attache à cette jeune femme un peu maladroite (comme elle) qui fait des efforts « *pour avoir l'air normal* » (p. 59). Elle rechigne à partir et à la laisser seule. Ces rencontres s'accompagnent parfois d'un « *silence* » qui est « *chargé de toute l'impuissance du monde* ».

> 9.   La vie difficile de No (*Relais d'Auvergne*)

Pour justifier ses absences, **Lou ment à ses parents** en disant qu'elle réalise l'exposé avec Léa Germain, et qu'elle va au cinéma. No lui en apprend plus sur la vie de SDF : la rue est dangereuse, il ne faut pas se faire remarquer, il faut marcher pour ne pas que le corps refroidisse, trouver les bonnes cachettes… Elle parle des autres femmes sans abri, des « *femmes normales* » victimes des circonstances de la vie. No ne « *supporte pas que les gens la regardent* » et peut s'emporter contre eux. Elle raconte l'ensauvagement causé par la rue, les gens qui se battent pour un rien : « *voilà ce qu'on devient, des bêtes* » (p. 65). Les descriptions de No sont crues et brutales. Ces confidences sont touchantes : Lou y voit un « *cadeau qui n'a pas de prix* ».

10.   L'exposé imminent (*Relais d'Auvergne*)

On est en décembre et l'exposé est dans deux jours. **Lou est anxieuse.** Elle a rempli deux cahiers et a ce qu'il faut pour réussir sa présentation. Toutefois, elle a le « *cœur en miettes* » : qu'adviendra-t-il de No ? Quelque chose en elle lui fait dire : « *il est trop tard pour elle* » (p. 67). Entre temps, No lui a raconté qu'elle a été placée en famille d'accueil à 12 ans et qu'elle voit très rarement sa mère, qui habite à Ivry.

Avant de dire au revoir à No, Lou lui propose de la retrouver le mardi suivant, pour lui raconter le déroulement de l'exposé.

11.   L'exposé (*lycée*)

Lou vient de finir son exposé[8] : elle conclut : « *il faut garder les yeux grands ouverts* » sur la situation et ne pas ignorer la condition des sans-abris. Elle est intimidée et épuisée par sa prestation, qui est couronnée de succès : toute la classe l'applaudit. Le professeur M. Marin lui donne un 18/20.

C'est la fin du cours. Lucas lui met la main sur l'épaule et l'aide à ranger ses affaires : Lou n'a pas réalisé que l'heure était finie car elle s'est endormie. Lucas s'esclaffe avec Lou, qui se sent bien : « *je suis heureuse, là, tout de suite* » (p. 72).

12.   No a disparu (*rue, maison*)

No est absente le jour du rendez-vous. Lou la cherche et ne la trouve pas. Les jours suivants, elle tente de la retrouver mais n'y parvient pas. Un jour, la dame rousse du relais à journaux l'interpelle : elle lui explique qu'elle n'a pas vu Nolwenn depuis un bon moment. Elle lui conseille aussi de ne « *pas traiter avec une fille comme ça* » ; d'après elle, c'est « *une fille qui vit dans un autre monde* ».

Lou descend dans le métro et est prise d'une « *envie de pleurer* ». Elle s'en veut de n'avoir pas remercié No. Elle rentre chez elle et trouve sa mère assise dans le fauteuil, les yeux fermés. La mère, qui a l'air serein, sourit et appelle sa fille.

---

[8] On observe ici une ellipse narrative : il y a une coupure dans l'histoire et le récit reprend à la fin de l'exposé de Lou.

Lou lui dit que l'exposé s'est bien passé et que les vacances de Noël seront dans deux jours. Sa mère est étonnée : « *Déjà ?* »

Le père de Lou entre et lui apporte un livre dont Lou rêvait depuis des semaines : *De l'infiniment petit à l'infiniment grand*. Lou parle de sa nouvelle lubie : elle veut désormais qu'on lui donne les emballages des produits Picard pour faire des comparatifs.

Lou repense aux phrases de la dame du relais à journaux : « *c'est une fille qui vit dans un autre monde que le tien* ». Elle ressent un « *manque* » en elle-même.

13.   L'invitation de Lucas et la mort de Mouloud (*lycée, rue*)

C'est la **veille des vacances**. Lucas vient de recevoir un zéro par M. Marin mais cela n'a pas l'air de le soucier. À la sortie, cigarette à la main, il invite No chez lui. Elle « *meurt d'envie* » de l'accompagner mais lui répond : « *Je dois rentrer. Merci. Une autre fois peut-être.* » Il s'éloigne et Lou craint d'avoir raté sa chance.

Boulevard Richard-Lenoir, Paris 11ème

En rentrant, Lou aperçoit des sans-abri de loin, boulevard Richard-Lenoir. Elle ressent de la honte et a peur que « *No soit devenue comme eux* » (p. 80).

Lou évoque ensuite la mort de Mouloud, un SDF du quartier qui était présent depuis 10 ans. Des gens lui ont rendu hommage et il a même droit à un article dans *Le Parisien*.

Lou se dit alors qu'il serait bien que chacun d'entre nous s'occupe d'un sans-abri : il y en aurait alors moins dans la rue. Mais son père lui répond que ce n'est pas possible : « *Les choses sont toujours plus compliquées qu'il n'y paraît* ».

Elle songe à ce paradoxe : nous sommes capables de prouesses technologiques, mais sommes également capables de « *laisser mourir des gens dans la rue* » (p. 82).

14.   Noël (*maison*)

Ce sont les **vacances de Noël** : la famille Bertignac reste à Paris et reçoit la visite des grands-parents qui viennent de Dordogne. Le lendemain du réveillon, la tante, l'oncle et les cousins de Lou se joignent à eux. Lou n'aime pas l'hypocrisie qui entoure la fête de Noël. Après le départ de sa famille, Lou se retrouve avec ses parents. Elle pense à Mouloud, Lucas et surtout à No : « *No est seule. No est quelque part et je ne sais pas où. No m'a offert son temps et je n'ai rien donné* » (p. 85).

15.   À la recherche de No (*hypermarché, rue*)

Lou se rend dans un hypermarché porte de Bagnolet, et **demande à Geneviève**, une vendeuse qui hébergeait No, **des nouvelles de la jeune sans-abri**. Elle lui répond qu'elle lui a demandé de partir car elle vidait son frigo et ne faisait rien de ses journées. Elle lui dit qu'elle est dans un foyer mais ne sait pas lequel.

Rue de Charenton, Paris 12ème

Lou s'en va et prend le métro direction Bastille, et part à la recherche d'une tente Igloo dont lui avait parlée No, située rue de Charenton. Elle la trouve finalement. Elle appelle mais personne ne répond, elle ouvre donc la tente et cherche.

*Soupe populaire de la rue
Clément, Paris 6ème*

Soudain, **un homme l'interpelle** : No essaye de se relever et tombe. L'homme la sort de la tente et lui demande, fâchée, ce qu'elle fait. Lou, très gênée, répond qu'elle cherche No. Elle insiste pour avoir des informations, et l'homme lui dit finalement que No mange parfois à la **soupe populaire de la rue Clément**. Les jours suivants, Lou se poste devant le bâtiment pour observer les allées et venues mais **ne trouve pas No**.

16.   No retrouvée (*rue*)

Au dernier jour des vacances, Lou est présente devant la file d'attente pour la soupe populaire et **aperçoit No**. Lou se rapproche d'elle. No la voit, la fixe et détourne les yeux. Lou trouve que No a changé et lit une « *amertume sur les lèvres* », un « *air de défaite, d'abandon* ». Lou veut lui parler mais No la pousse et lui parle crûment : « *Barre-toi, Lou, je te dis. Tu me fais chier. Tu n'as rien à faire là. C'est pas ta vie, ça, tu comprends, c'est pas ta vie !* » (p. 93)

Lou s'en va, dépitée. Elle voulait passer du temps avec No, qui lui manquait « *plus que tout* ». Elle regarde No de lui, « *on dirait qu'elle pleure* ». La tristesse de Lou se mue en aigreur : « *à ce moment-là je la déteste, elle et tous les sans-abri de la terre* ».

17.   Réflexions (*maison*)

Lou fait part de ses réflexions, ses questions sur le monde qui l'entoure. Elle évoque son père, qui remplit à merveille son rôle, et pense à l'adolescence :

elle se sent différente : « *je ne suis pas comme les autres filles* », surtout par rapport aux filles de son âge. Elle cite sa grand-mère inquiète : « *cette pauvre petite, elle a la tête qui va finir par exploser, avec tout ce qu'elle ingurgite* ».

18.   La rentrée (*bus, devant le lycée*)

Lou rencontre Lucas dans le bus. Ils se racontent leurs vacances, mais Lou n'ose pas lui partager la tristesse qu'elle ressent. Lucas lui propose d'aller à la patinoire. Les deux camarades arrivent devant le lycée ; Lucas reste avec Lou même s'il connaît tout le monde. Lou rêvasse et aimerait que Lucas l'entoure de ses bras.

19.   No vient trouver Lou (*devant le lycée, au Bar Botté*)

Lou sort du lycée et aperçoit No sur le trottoir d'en face. Elle « *reste comme ça, plusieurs minutes* » devant elle. Quelque chose la retient, mais finalement elle va la voir et l'invite au Bar Botté.

No raconte qu'elle dort maintenant dans un centre d'hébergement du Val-de-Marne. Elle est admise pour 14 jours. Elle voudrait bien travailler mais n'a pas d'adresse, or « *pas d'adresse, pas de boulot* ». No est perdue : « *je sais pas ce que je vais faire* [...] *je sais plus du tout* ».

Lou se rend compte que No est au bout du rouleau. Elle sent qu'elle est sur le point de pleurer. Puis No se ressaisit et lui demande comment s'est passé l'exposé. Lou lui raconte tout, lui parle de Lucas et demande à No si elle a déjà été amoureuse. No répond que oui et évoque un garçon à l'internat. Puis Lou lui demande dans quel sens tourner la langue quand on embrasse, et No éclate de rire : Lou se réjouit de cette réaction. No lui répond, hilare : « *T'as de ces questions !* [...] *on n'est pas des machines à laver !* » (p. 105)

No doit rentrer à son foyer du Val-de-Marne. Lou lui fait promettre de revenir la voir.

20.   Discours de Lou devant ses parents (*maison*)

Lou songe à héberger No chez ses parents, dans la chambre de sa défunte sœur. Elle réfléchit à la stratégie à adopter : dire la vérité ou inventer une histoire ? Mais Lou est lucide : « *au point où elle en est, No est incapable de jouer un rôle* » (p. 107).

Elle échafaude alors un discours argumenté et raconte la vérité à ses parents. Son récit est très clair et structuré, puis No se perd dans des digressions. Finalement, après un « *long long silence* », la mère de Lou dit d'une voix inhabituellement claire : « *On devrait la rencontrer* ». Le père est d'accord.

21.   No apprêtée chez Lucas (*devant le lycée, chez Lucas*)

Pendant plusieurs jours, Lou cherche No devant le lycée mais ne la trouve pas. Un soir glacial de janvier, elle est enfin là. Elle a quitté le centre d'hébergement d'urgence et est retournée rue de Charenton, mais est finalement partie car d'autres personnes ont « *commencé à faire des histoires* ». Lou veut emmener No chez elle, mais avant, « *il faut qu'elle se lave et qu'elle trouve des habits* ». Déterminée, elle dépasse sa timidité et interpelle Lucas pour lui expliquer la situation. Lucas accepte de les accueillir.

Arrivant chez Lucas, No vomit : elle « *a pris des médicaments* » et est patraque. Lou prépare un bain et l'aide à se laver, pendant que Lucas prête des vêtements appartenant à sa mère. Lou aide No à s'habiller et les deux sortent, après avoir remercié Lucas.

Lou arrive en face de chez elle et sonne à la porte, pleine d'appréhension par rapport à No : « *Je sais que je peux la perdre* ».

22.   No accueillie chez les Bertignac (*maison*)

Lou, ses parents et No dînent ensemble un gratin de courgettes qu'a préparé la mère. Ils parlent « *de tout et de rien* ». La mère de Lou s'est bien habillée et a quitté sa robe de chambre, la « *première fois depuis longtemps* ». No paraît **fragile** : « *Elle fait des efforts pour tenir debout. Pour tenir assise. Pour tenir tout court* ». Néanmoins, les parents de No font tout pour qu'elle se sente à l'aise : le repas se passe très bien, « *sans fausse note* ». Lou est « *fière* » de ses parents : « *Ils n'ont pas eu peur. Ils ont fait ce qu'il y avait à faire* ».

Bernard prépare le lit pour No, qui le remercie. Lou ferme la porte derrière No et sent que « *c'est une nouvelle vie qui commence pour elle* » ; Lou se sent proche d'elle : « *je ne veux plus jamais qu'elle se sente toute seule, je veux qu'elle se sente avec moi* ».

23.   No récupère (*maison, lycée*)

Les jours suivants, No se repose beaucoup, quitte rarement la chambre, demandes des nouvelles à Lou quand elle lui rend visite. Elle parle peu, baisse les yeux devant les parents, « *essaie de tenir le moins de place et de faire le moins de bruit possible* ». Elle se lève parfois la nuit et reste éveillée. Elle demande souvent à son amie : « *On est en ensemble, hein, Lou ?* »

Lorsque Lou se rend au lycée, elle retrouve Lucas qui lui demande des nouvelles de No et transmet des choses pour elle : bandes dessinées, tablettes de chocolat, cigarettes. En classe, il s'est assis à côté de Lou, au deuxième rang. Les autres élèves accordent désormais à Lou « *une sorte de respect* ».

24.   No à l'aise (*maison*)

No se sent mieux. Elle est plus à l'aise chez les Bertignac et passe du temps avec eux, fait son lit, range la cuisine, passe l'aspirateur… Elle est pleinement intégrée dans la famille : « *C'est comme si No avait toujours été là. De jour en jour nous la voyons reprendre des forces* ». Parfois, Lou la surprend le soir, le front collé à la vitre. Elle sait qu'elle n'a pas oublié sa vie dans la rue et se demande ce qui « *défile dans sa tête* ».

25.   Exclusion de classe pour Lou, visite chez Lucas (*maison, chez Lucas*)

Un matin, Axelle arrive au lycée les cheveux très courts, avec une mèche longue. C'est « *l'attraction du jour* ». M. Marin se moque d'elle durant l'appel : « *Je ne vous connais pas* […] *Que vous est-il arrivé ?* » Lou n'apprécie pas la réaction de son enseignant et dit à voix basse : « *c'est dégueulasse* ». M. Marin lui demande de répéter ce qu'elle a dit et, cela fait, l'exclut de classe. À la fin du cours, Axelle vient voir sa camarade pour la remercier.

No rejoint Lou au lycée : elles sont invitées chez Lucas. Les trois amis vont ensemble dans l'appartement du jeune homme. On apprend que le père de Lucas est parti au Brésil, après que sa femme s'est mise avec un autre homme. Depuis, la mère s'est installée à Neuilly avec son amant, qui ne s'entend pas avec Lucas.

Lucas montre aux filles sa collection de couteaux ; No les manipule avec aisance. Ils passent la soirée ensemble, à écouter des chansons et fumer. Lou se sent bien : « *Le temps s'arrête, il me semble que les guitares nous protègent, que le monde nous appartient* » (p. 129).

26.   No parle de son enfance (*maison*)

No est plus à l'aise : elle se livre sur sa vie personnelle. Elle fait des démarches et a revu son assistante sociale. Elle a même le double des clés de la maison. Elle se confie à la maman de Lou : « *c'est ma mère qui arrive le mieux à la faire parler* » (p. 130).

Elle raconte son histoire à la maman de Lou : sa mère Suzanne l'a enfantée suite à un viol (p. 131) et ne lui a pas donné d'affection : elle ne lui parlait même pas directement en sa présence. Nolwenn a été élevée jusqu'à l'âge de ses sept ans par ses grands-parents très affectueux. Suzanne est partie quand sa petite avait trois ans : elle a rencontré un homme dont la femme enceinte était décédée dans un accident de la route. Suzanne et son nouveau conjoint sont partis vivre à Paris, et No est restée chez ses grands-parents. Quelques années plus tard, à l'âge de sept ans, elle vit sa grand-mère faire une chute fatale d'une échelle. No fut confiée à sa mère et à son conjoint, qui vivaient à Choisy-le-Roi. Puis son récit s'arrête : No n'en dit pas plus.

No et Lou font des activités ensemble : tâches ménagères, courses… No va mieux. Elle continue de demander à Lou, de temps à autre : « *On est ensemble, hein ?* » et veut savoir si elle lui fait confiance.

Lou a un mauvais pressentiment qu'elle tente de chasser : « *celui qui s'assure sans cesse de ta confiance sera le premier à la trahir* » (p. 134).

Dans le même temps, Anouk se transforme auprès de No. Elle recommence à discuter, à lire, à bien s'habiller, à sortir. Elle est hésitante, comme surprise par ses propres avancées. Le père de Lou est stupéfait des progrès de sa femme, mais reste prudent : il sait que tout cela ne tient qu'à un fil.

27.   Amitié et recherche de travail (*maison, chez Lucas*)

Les deux amies sont complices et passent du temps ensemble. No se montre intriguée par les loisirs bizarres de Lou et ne la juge pas. Lou révise ses leçons avec elle et elles rient en apprenant un texte en anglais (No a un fort accent). Quand Lou est occupée, elle voit parfois No qui ne fait rien du tout, le regard fixe. C'est la chose qui rappelle à Lou d'où No vient : de la rue.

On apprend que l'« *amoureux* » de No est parti vivre en Irlande, et qu'elle souhaite le rejoindre. Lou et No se retrouvent souvent le soir chez Lucas. Les deux lycéens aident No dans ses démarches pour retrouver du travail, et inventent « *pour elle des jours meilleurs* » (p. 139). Ils passent du temps ensemble, Lucas leur montre son univers, ils écoutent de la musique ou regardent des films. Lou se sent bien avec ses deux amis.

28.   Un nouveau travail pour No ; complicité entre Lou et Lucas (*maison*)

No annonce qu'elle a trouvé du travail en tant que femme de chambre dans un hôtel, près de Bastille. Les Bertignac sont très heureux de cette nouvelle. Lou a un mi-temps et est payée au noir pour le reste.

Désormais, No se lève tôt pour travailler et rentre tard. Elle ne passe plus que les mardis soir avec Lucas et Lou. Le travail est très prenant et fatiguant car elle doit s'occuper de vingt chambres, et le patron se montre très strict.

Sortie du métro place de la Bastille, Paris 11ème

No a des douleurs de dos et doit prendre des médicaments. Elle remplace parfois le garçon du bar, le soir.

Lucas et Lou se rapprochent encore ; en l'absence de No, Lou reste une ou deux heures chez Lucas après les cours. Une complicité naît entre eux ; Lucas a créé un blog sur Internet qui parle de BD, musique et film, et a créé une rubrique rien que pour Lou, sa « *Pépite* ».

29.   L'enfance et l'adolescence de No (*maison*)

On en apprend davantage sur la vie de la petite Nolwenn.

À sept ans, elle partit vivre à Choisy-le-Roi chez sa mère et son beau-père, un homme assez riche, vendeur de serrures, portes blindées et alarmes. Le beau-père se montrait gentil mais la mère ne témoignait, encore une fois, aucune affection envers sa fille. Ainsi, elle lui donnait par exemple son repas dans une pièce séparée et la petite mangeait seule.

Peu à peu, des disputes éclatèrent dans le couple et le beau-père reprocha à Suzanne de ne pas bien s'occuper de sa fille. L'homme rentrait de plus en plus tard chez lui. Un jour, No voulut que sa mère la prenne dans les bras : elle fut repoussée violemment et s'ouvra l'arcade sourcilière.

L'homme quitta finalement Suzanne, qui sombra dans l'alcool. La petite Nolwenn s'occupait de sa mère quand elle était trop saoule. Suzanne trouva un travail de caissière mais buvait dès son retour à la maison. Elle déménagea ensuite à Ivry avec sa fille et perdit son travail. No restait souvent avec sa mère pour l'aider au lieu d'aller à l'école. A l'école, No se faisait oublier et « *ne répondait pas quand on l'appelait* » (p. 148).

Un jour, elle arriva blessée à l'école : elle était tombée des escaliers et n'avait reçu aucun soin. L'assistante sociale fit alors un signalement à la DDASS[9] et la petite Nolwenn, alors âgée de 12 ans, fut placée en famille d'accueil chez les Langlois, un couple qui tenait une station-service à **Colombelles**, en Normandie. Elle y

---

[9] La direction départementale des affaires sanitaires et sociales (DDASS) avait pour mission principale de protéger les enfants dont les parents étaient en difficulté pour assumer leur rôle. Aujourd'hui, ce n'est plus la DDASS qui gère ces situations mais l'ASE (Aide Sociale à l'Enfance) et la PJJ (Protection Judiciaire de la Jeunesse).

resta plusieurs années et fut ensuite envoyée dans un **internat éducatif** car elle se comportait mal. Là-bas, elle fit connaissance avec un certain Loïc et avec Geneviève, qui deviendra une bonne amie. Geneviève se démènera pour s'en sortir mais No recommencera à fuguer après le départ de Loïc pour l'Irlande.

Le père de Lou entre à la maison et No interrompt la discussion avec Anouk. Lou ressent une pointe de jalousie envers sa mère, car No parle avec elle sur un pied d'égalité, d'adulte à adulte.

30.   Vie avec Nolwenn et ses démarches pour avoir un logement (*maison*)

Lou évoque ses expériences étranges. No y participe et lui fait des suggestions ; Lou apprécie que son amie ne la juge pas et prenne part de façon active à ses occupations parfois saugrenues. No s'intéresse aussi à la vie lycéenne de Lou et « *passe tout son temps libre* » avec sa jeune amie.

No a fait un dossier de logement avec l'assistante sociale mais ses chances d'avoir une réponse positive sont nulles car elle ne gagne (officiellement) pas assez. Elle espère donc une place dans un « *Centre d'hébergement et de réinsertion sociale* ». Lou ne souhaite pas qu'elle parte et rappelle à son amie : « *on est ensemble* », mais No répète parfois que « *ça ne peut pas durer* » (on sent ici que le climat a un peu changé : No paraît plus pessimiste et est usée par son travail).

31.   Souvenirs de la maman de Lou et complicité avec Lucas (*lycée, maison*)

Lou échange maintenant des mots en classe avec Lucas, sauf durant le cours de français qui la passionne.

Le père de Lou est parti en voyage d'affaires à Shanghai. Les trois femmes vivent donc ensemble sous le même toit. Anouk raconte sans se lasser des histoires de l'enfance de sa fille. Lou est très étonnée par la mémoire de sa mère. La discussion s'étend jusqu'à la nuit, puis c'est au tour de No de poser des questions à Anouk. La mère raconte son passé avec une foule de détails et évoque même sa fille décédée, à la stupeur de Lou : « *Quand ma mère a parlé de Thaïs, j'ai failli tomber de ma chaise, parce qu'alors No m'a regardée d'un air réprobateur, ça signifiait pourquoi tu me l'as jamais dit* ».

Le lendemain matin, Lou ne se réveille pas pour passer quelques minutes avec No, à l'inverse de son habitude. Après les cours, elle prend un coca avec Lucas, qui remarque qu'elle a l'air triste. Il essaye de lui remonter le moral et lui dit : « *Moi, mon secret je peux te le dire, c'est que quand tu seras grande je t'emmènerai quelque part où la musique est si belle qu'on danse dans la rue.* » Lou est très touchée.

Plus tard, elle lui demande : « *Est-ce que tu crois qu'il y a des parents qui n'aiment pas leurs enfants ?* » puis se sent un peu honteuse car la situation de Lucas avec ses parents est compliquée. Le garçon lui répond finalement en souriant : « *Je sais pas, Pépite. Je crois pas. Je crois que c'est toujours plus compliqué que ça.* » (p. 159)

32.	Difficultés de No ; complicité entre Lucas et Lou (*maison, lycée, chez Lucas*)

Bernard est revenu de Shanghai et a offert un petit porte-bonheur à Lou et No. Les deux amies continuent de passer du temps ensemble. Un jour, elles se prennent en photo. No se trouve moche et montre à son amie une photo d'elle petite : elle est toute jolie mais son visage reflète sa solitude. Cela fait de la peine à Lou, mais No pense qu'elle est indifférente : « *En fait, t'en as rien à foutre* » (p. 161).

No est de mauvaise humeur depuis quelque temps. Elle travaille beaucoup et **prend des médicaments** appartenant à la mère de Lou (des tranquillisants), traîne dans l'appartement la nuit, refuse parfois de dîner avec les autres et il lui arrive de vomir. Son patron est tyrannique et elle fait de nombreuses heures supplémentaires non payées.

Lucas continue de bien s'entendre avec Lou, lui offre des petits cadeaux et fait des sorties avec elle, il est même prêt à « *casser la gueule* » d'un camarade de classe qui l'a bousculée sans s'excuser. Conscient des problèmes de No, il invente avec Lou des scénarios et des histoires pour venger leur amie ; les deux camarades de lycée se créent un monde et s'évadent ensemble.

Lou évoque enfin M. Marin, qui lui a dit une fois, devant toute la classe, qu'elle était une « *utopiste* » (p. 165). Mais Lou (qui n'avait pas bien compris ce mot en classe) semble comprendre que c'est son professeur qui a ce trait de caractère.

33.	No se rend au domicile de sa mère, à Ivry, avec Lou (*Paris, Ivry*)

Un matin, No annonce à Lou qu'elle veut rendre visite à sa mère à Ivry. Elle ne donne pas d'explication : « *Il faut que j'y aille* ». Le père leur donne son accord après avoir hésité un peu.

Elles arrivent devant le bâtiment puis devant la porte. Là, No sonne une fois, puis deux. Elle entend une voix d'enfant et quelqu'un regarde dans le judas, mais n'ouvre pas la porte. De longues minutes passent. No insiste puis se met à crier et donne des coups de poing sur la porte, mais rien n'y fait. Lou parvient à éloigner No et tente de la raisonner. Elle essaye d'être positive : « *No, écoute-moi, ta mère, elle a pas la force de te voir. Peut-être qu'elle aimerait bien, mais elle peut pas.* » No est dépitée : « *Elle en a rien à foutre, Lou, tu comprends, elle en a rien à foutre* » (p. 168)

Lou tente de la rassurer : « *On est ensemble, toi et moi, hein ?* » En s'éloignant de l'immeuble, elles aperçoivent furtivement un visage d'enfant à la fenêtre de l'ancienne chambre de No.

34.   Départ pour la Dordogne, No reste à Paris (*maison*)

On apprend que le mari de Sylvie demande le divorce. La famille Bertignac décide de partir en Dordogne pendant les vacances de février, pour la soutenir. Lou doit les accompagner. No reste donc seule à l'appartement : c'est un crève-cœur pour Lou. No a l'air dépitée elle aussi : elle se mord la lèvre comme à son habitude lorsqu'elle est contrariée. Lou conclut : « *j'ai le sentiment horrible de l'abandonner* » (p. 171)

35.   Avant le départ, soirée chez Lucas et tristesse (*maison, chez Lucas, rue*)

Avant le départ pour la Dordogne, le père de Lou fait un discours pour motiver sa famille et donner ses instructions à No. La veille du départ, Lucas a organisé une petite soirée film chez lui. Lou les rejoint ; elle est très bien habillée. On comprend, d'après le synopsis raconté par Lou, que les jeunes ont regardé le film *Sur mes Lèvres* de Jacques Audiard (2001), qui raconte l'histoire d'une femme sourde amoureuse d'un bandit et devenant sa complice ; plus tard l'homme, qui souhaitait partir sans elle, renonce à son départ et l'embrasse à la fin.[10]

La nuit, en rentrant, Lou comprend que quelque chose ne va pas. Elle souhaite savoir ce qui cloche mais No ne s'explique pas et lui dit : « *Tu m'as déjà beaucoup aidée* ». Elle ajoute : « *Je suis pas de ta famille, c'est ça qu'il faut que tu comprennes, je serai jamais de ta famille* » (p. 174). No pleure et Lou sait « *qu'il lui est arrivé quelque chose, quelque chose qui fait basculer* ».

36.   Visite chez la tante Sylvie et retour à Paris (*Dordogne, voiture, maison*)

La famille de Lou se rend en Dordogne chez Sylvie, qui ne va pas très bien. Ses parents essaient de lui remonter le moral tandis que Lou fait des activités diverses avec les cousins. Bernard et Anouk ont l'air d'aller mieux, une complicité est revenue entre eux.

---

[10] Ce passage fait écho à la fin du roman : Lucas (qui se donne une image de voyou) embrasse Lou dans le chapitre final.

No appelle la famille les deux premiers jours mais pas les deux derniers. Sur le chemin du retour, Lou est très inquiète.

En rentrant à la maison, No et son père trouvent la chambre de No ouverte, avec des bouteilles d'alcool par terre ainsi que des plaquettes de médicaments vides.

37.   No ne va pas bien (*maison*)

Tôt le lendemain matin, No rentre enfin alors que Lou est à moitié endormie. No pleure, « *comme un sanglot de rage et d'impuissance* ». Le père va alors la voir et parle avec elle pendant une heure.

Au petit-déjeuner, elle croise son père et lui demande si No lui a parlé de ses soucis à son travail. Le père est évasif : « *Un peu. Pas vraiment* ». Lou sent que quelque chose ne tourne pas rond. Son père lui dit aussi que No devra partir si « *ça ne se passe pas bien* » ou si cela met Lou en danger.

Puis Lou essaye de réveiller No, qui a un rendez-vous prévu avec l'assistante sociale. Mais No se réveille tard et prend un bain pendant deux heures. Vers midi, Lou essaye de lui parler mais **No reste là sans rien dire, le regard vide** ; elle pense immédiatement au « *regard mort* » de sa maman après le décès de Thaïs.

38.   Descente aux enfers de No (*maison*)

No a changé de poste à l'hôtel et **travaille toute la nuit**. Parfois, le père de Lou la retrouve dans un piteux état le matin, en bas de l'immeuble, et la remonte jusqu'à l'appartement. Elle ne fait que dormir la journée, et, d'après Bernard, boit de l'alcool et prend des cachets. Les parents parlent ensemble de la situation mais n'en discutent pas devant leur fille.

No s'isole et ne parle presque plus. Lou ne profite pas de ses vacances et reste toute la journée à la maison.

39.   Rentrée douloureuse pour Lou (*maison, lycée*)

Les vacances de février sont terminées et c'est la rentrée pour No. Elle a une mauvaise surprise au réveil : elle trouve son père assis en face de son amie, toute pâle et fatiguée. Le père annonce à sa fille que « *No va s'en aller* » pour aller dans un « *centre où on s'occupera d'elle* ». Lou est sous le choc. Elle voulait aider No « *jusqu'au bout* ».

Elle se rend au lycée sans avoir pris son petit-déjeuner, se dépêche par peur d'être en retard au cours de M. Marin, et retient ses larmes dans le bus. Arrivant au lycée après la sonnerie, elle croise Lucas et s'avance vers lui, les yeux brûlants ; il la serre dans ses bras.

40.   Départ de No (*maison*)

Lou repense à la difficulté et à l'imprévisibilité de la vie. Elle se montre fataliste : « *la réalité a toujours le dernier mot* ». Un jour, alors que la famille Bertignac est absente, No remet la chambre en ordre, plie les vêtements qu'on lui a prêtés, nettoie tout, vide la pharmacie et quitte l'appartement. Elle laisse sa photo d'elle, petite, sur le bureau de Lou, dans une enveloppe sale.

41.   No pose ses valises chez Lucas (*chez Lucas*)

Une nuit, No sonne chez Lucas. Elle tient à peine debout. Lucas la fait dormir dans la chambre de sa mère.

Le lendemain, Lou se rend chez Lucas. En entendant la voix de son amie Lou, No se lève et vient la prendre dans les bras pendant un bon moment.

No s'installe dans la chambre, étale ses affaires par terre et ferme les rideaux. Lucas et Lou décident de s'occuper d'elle dans le secret ; Lou prétend devant ses parents qu'elle n'a pas de nouvelles de No.

42.   Anouk va mieux ; la vie de No chez Lucas (*maison, lycée, chez Lucas*)

La mère de Lou va mieux : elle envisage de reprendre son travail à mi-temps et élabore des projets avec son mari. Lou invente des histoires pour justifier ses absences répétées. Chaque matin, quand elle arrive au lycée, Lucas lui donne des nouvelles de No. Un jour, il a vidé deux bouteilles de vodka dans l'évier, ce qui a rendu furieuse No.

Chaque soir, Lucas et Lou se dépêchent de retrouver No. Lou a toujours peur qu'il lui soit arrivé quelque chose. Quand ils sont de retour, les trois amis passent du temps ensemble, mais à chaque fois No doit partir rapidement pour aller travailler. Lou fait l'accompagne parfois avant de rentrer chez elle.

43.   Des hauts et des bas ; le projet de No (*chez Lucas, café*)

Lou et Lucas ont organisé leur vie autour de No. Lucas « *s'occupe de tout* » et gère bien la situation. Ils envisagent tous les scénarios possibles et doivent tout ranger une fois par semaine, quand la femme de ménage passe.

No est d'humeur très changeante. Lucas et Lou ont peur de ne « *pas y arriver* ». Toutefois, No a vraiment besoin du soutien de son amie Lou : « *Je vois bien qu'elle a besoin de moi. Les rares fois où je n'ai pas pu venir parce que c'était trop risqué, elle a paniqué* » (p. 201).

Un soir, No invite Lou à un café pour prendre un verre ; No boit coup sur coup trois vodkas, Lou est accablée : « *ça me troue le ventre* ».

Une autre fois, elles tombent sur Momo dans la rue. No lui tend un billet de 20 euros mais Momo le refuse et crache par terre : No semble à présent exclue du « monde » de la rue.

Un autre jour, Lou découvre que le cou de No est couvert de « *traces rouges* ». No invente un mensonge.

No fait des économies pour rejoindre Loïc en Irlande, et garde une enveloppe de billets en cachette. Elle fait promettre à Lou de ne rien dire à Lucas.

Enfin, No raconte son histoire d'amour avec Loïc, ses sorties et moments de complicités à l'internat, son départ pour l'Irlande en même temps que celui de Geneviève, sa rechute puis son placement dans un foyer parisien.

Quand No se décourage, Lou essaye de lui remonter le moral : « *pense à Loïc, là-bas, il t'attend.* »

44.   No ne va pas bien mais Lou garde espoir (*lycée, chez Lucas*)

Un matin, No ne trouve pas Lucas et s'inquiète. Il arrive finalement en classe avec 30 minutes de retard et est exclu du cours par M. Marin. Étonnamment, Lucas ne joue pas l'insolent et s'en va sans rien dire et sans regarder Lou.

Lou comprend qu'il s'est passé quelque chose. Après le cours, elle le trouve et il se montre **alarmiste** : No n'est pas rentrée, elle pue l'alcool et boit en cachette, elle fait n'importe quoi… Lou veut garder espoir mais Lucas lui dit : « *Tu ne te rends pas compte, Pépite, tu ne veux pas te rendre compte* » (p. 206).

Axelle et Léa viennent alors les voir pour l'inviter à une fête, le samedi suivant. Lucas a l'air enthousiaste et discute avec elles. Lou est agacée par Lucas et soucieuse pour No, elle ressent aussi une certaine jalousie par rapport à Léa.

Après le cours de maths, elle arrête de bouder et achète une brioche pour Lucas, puis le rejoint pour se rendre chez lui. Une fois arrivés à l'appartement, ils retrouvent No endormie : elle a une bouteille vide à côté d'elle, « *c'est vrai qu'elle ne va pas bien* », mais au moins elle est entourée : « *Maintenant nous sommes là. […] Ça fait la différence* » (p. 209). Lucas « *sait* » que Lou a raison et lui passe sa main dans les cheveux.

45.   Rangement chez les Bertignac, souvenirs de Lou (*maison*)

Les parents de Lou, et surtout sa mère, vont mieux : ils font un grand rangement et « *s'organisent pour une nouvelle vie* ». Ils veulent savoir si Lou a entendu parler de No et le père est convaincu qu'ils auront des nouvelles, un jour. Bernard donne aussi l'autorisation à Lou d'aller à la fête de Léa et Axelle.

Lou ressent une certaine tristesse devant les souvenirs qui s'effacent et se perdent. Elle se souvient des moments de jeu avec sa maman, quand elle jouait aux Playmobil avec elle. C'était avant la mort de Thaïs. Lou se remémore un autre épisode postérieur à ce drame : un soir, elle se blessa à vélo dans un parc, et sa maman ne vint pas l'aider. Elle dut attendre de longues minutes pour qu'une dame viennent se soucier d'elle, lui désinfecter la plaie et la ramener auprès de sa mère. Ce souvenir amer est gravé en elle.

46.   Petit froid avec Lucas, le cadeau de No (*lycée, rue*)

Au lycée, M. Marin donne une mauvaise note à Lucas et se moque de lui. Etrangement, « *il ne proteste pas* » et a « *l'air humilié* ». Il se tourne vers Lou et cherche son soutien, mais Lou « *fait la fière* » : elle semble lui en vouloir car il compte venir à la soirée chez Léa et Axelle, alors que Lou a pris la décision de ne pas s'y rendre ; elle ne se voit pas rire, discuter et danser devant les autres (elle est complexée et se sent trop différente). Elle prétexte devant Lucas que ses parents ne lui ont pas donné l'autorisation d'y aller.

Dans la cour, elle surprend une conversation entre Léa, Axelle et des filles de terminale : ces dernières disent que Lucas a pris un café avec une « *fille super bizarre* » et l'a engueulée. Lou comprend immédiatement qu'il s'agit de No.

Lou va voir No et se rend donc chez Lucas, à contrecœur : elle ressent de l'énervement envers lui, lié à sa jalousie et au fait qu'il est populaire et admiré. Elles parlent un peu ensemble puis Lou sort accompagner No, qui « *ça se voit, a le cœur blessé* ». Sur le chemin, No offre à Lou une paire de Converse rouge, celle dont Lou rêvait ; la jeune fille ne peut retenir ses larmes. No s'éloigne et laisse Lou, qui songe au décalage entre la vie rêvée et la vie réelle, où tout est parfois « *sombre et gris* ».

47.   Lou triste, réconfortée par son père (*maison*)

Lou rentre à la maison et jette ses affaires par terre, pour montrer son énervement, puis s'enferme dans sa chambre. La maman de Lou se fâche contre sa fille qui ne range rien (Lou est surprise de cette réaction, c'est positif car cela fait longtemps que ça mère ne l'avait pas « *engueulée* »).

Son père rentre du travail et essaye de la réconforter. Lou exprime sa tristesse : « *Maman, elle m'aime pas* [...] *Depuis que Thaïs est morte maman elle m'aime plus* ». Son père pâlit à ces mots. Il lui explique patiemment qu'elle se trompe : sa mère l'aime mais ne sait pas comment le montrer, elle a été « *très malade* » et maintenant « *elle va mieux, beaucoup mieux, mais il faut lui laisser le temps* ».

48.   Lucas rentre tard, No démasquée (*chez Lucas*)

Lou et No passent la soirée chez Lucas, devant l'émission *La Nouvelle Star* : No a un jour de congé et les parents de Lou sont au théâtre. Lucas n'est pas rentré et Lou s'en agace. No n'a pas l'air en forme : « *elle est maigre comme au premier jour* » de leur rencontre, « *on dirait qu'elle n'a pas dormi depuis des semaines, ses yeux brillent comme si elle avait de la fièvre [...] ses mains tremblent* » et « *elle ne peut pas rester debout* ».

Lou essaye de la réconforter et lui parle des beautés de l'Irlande, où No souhaite se rendre pour retrouver Loïc. No lui demande soudainement : « *Alors tu vas venir avec moi ?* » et Lou répond : « *Je sais pas... Peut-être.* » Les deux amies s'endorment.

Elles sont réveillées plus tard par le téléphone de Lou : ce sont ses parents qui appellent, ils sortent du théâtre. Lucas est rentré. No a envie de vomir, sans doute à cause de l'alcool, et se rend aux toilettes. Lucas la soutient. Soudain, Lou aperçoit des billets de 50 euros qui dépassent du jean de No. Elle les montre à Lucas : il entre dans une colère noire. Il secoue No « *à toute force* » et lui répète : « *No, qu'est-ce que tu fais ?* »[11] No le regarde d'un « *air de défi* », sans répondre. Il finit par lâcher No et s'éloigne. No retombe sur le carrelage et heurte sa lèvre contre le rebord de la cuvette.

Lou reste à ses côtés, lui caresse les cheveux et lui répète : « *c'est pas grave* », même si elle sait au fond d'elle que ça l'est. Elle comprend que Lucas avait raison quand il disait : « *nous ne sommes pas assez forts* ».

49.   Lou démasquée par son père (*voiture, maison*)

Les parents de Lou attendent leur fille au pied de chez Lucas. Lou rentre dans la voiture et son père s'aperçoit tout de suite que quelque chose ne va pas.

Une fois rentrés à la maison, le père parle à sa fille pendant que la mère est dans la salle de bains. Il lui pose des questions en rafale : « *Pourquoi vous êtes toujours fourrés chez Lucas ? Pourquoi tu n'invites jamais tes amis à la maison ? Pourquoi tu ne veux pas que monte te chercher ?* » et, devant le mutisme de sa fille, il lui demande : « *Est-ce que No est chez Lucas ?* » Lou est étonné par la perspicacité de son père. Elle lève la tête et répond : « *Oui* ». Elle explique pourquoi elle n'a rien dit à son père : « *j'avais peur que tu l'envoies dans un centre* ». Son père est « *furieux et fatigué* ». Lou est effondrée et fait des reproches à ses parents. Elle prend la défense de No.

------

[11] Lucas a compris que No se prostitue : ceci explique pourquoi des billets de cinquante euros sortent de sa poche.

Quand Anouk sort de la salle de bains, son mari lui explique la situation. Elle reste debout, les bras ballants ; Lou aimerait terriblement qu'elle la prenne dans ses bras mais sa mère reste immobile.

50.   Journée dans Paris pour No et Lou ; fugue (*dans Paris*)

Lou reçoit un appel de No le dimanche matin : elle lui prévient que la mère de Lucas « *sait quelque chose* » et il faut partir. Tout est chamboulé dans la tête de Lou : le moment tant redouté est arrivé. No va partir et Lou souhaite l'accompagner.

Lou fait ses affaires et sort de chez elle sans regarder en arrière : elle va fuguer. Elle se rend chez Lucas : en arrivant chez lui, elle le voit paniqué, en train de ranger l'appartement à toute vitesse. Lou aide alors No à s'habiller et sort avec elle. Lucas est interloqué : il croit comprendre que Lou s'en va avec elle, mais il ne veut pas le croire.

Elles sortent dans le froid et s'en vont d'abord dans un café : elles y prennent un copieux petit-déjeuner. Lou se remémore ses premières rencontres avec No.

Après, No souhaite se rendre au cinéma : elles vont regarder un film dans le quartier des Halles. Le reste de l'après-midi, elles restent dans le quartier et font quelques achats ensemble. Vers six heures, elles s'arrêtent à la Fontaine des Innocents et prennent une gaufre. Lou parle pour oublier la situation, elle ne veut pas penser à ses parents qui doivent être inquiets ; sa mère lui manque.

No expose le plan : se rendre à la gare Saint-Lazare, puis à Cherbourg, puis prendre le ferry jusqu'à l'Irlande. Le départ est prévu le lendemain.

Les deux filles se promènent dans Paris, boulevard de Sébastopol, jusque dans la nuit. Elles se rendent enfin dans un hôtel miteux que No connaît, situé boulevard de Strasbourg. Malgré la laideur des lieux et l'insalubrité de la chambre, Lou se sent légère, libre. Les deux filles chantent, s'amusent. Après avoir mangé un « *Mac Do* », les deux amies s'endorment.

51.	Départ de No… sans Lou (*hôtel, gare Saint-Lazare*)

Le lendemain matin, un lundi, Lou se réveille à 8 heures. Elle pense à Lucas, à son professeur et ses camarades de classe : il est huit heures et son cours a commencé ; que vont dire les autres par rapport à son absence ?

No et Lou prennent le métro et se rendent à la gare Saint-Lazare.

Elles arrivent sur le quai et voient que le prochain train pour Cherbourg est programmé deux heures plus tard. No dit alors à Lou qu'elle va chercher les tickets, et lui demande d'attendre. Mais **No ne revient pas**. Lou ne s'est pas rendue compte que No a pris avec elle le sac et la valise. Incrédule, Lou attend, encore et encore, jusqu'à la nuit. Elle a la tête qui tourne, repense à toutes ces petites phrases, tous ces mots échangés avec son amie, tous ces moments passés ensemble. Mais elle comprend ce qui se passe : « *No m'avait laissée. No était partie sans moi* » (p. 243).

52.	Lou rentre seule chez elle (*rue, maison*)

Lou rentre à pied, en marchant. Elle sent que ce moment est important : « *quelque chose venait de m'arriver qui m'avait fait grandir. Je n'avais pas peur* ».

En rentrant, elle est accueillie par sa mère qui a les yeux rougis et la tête « *toute défaite* ». Elle la serre dans ses bras et pleure abondamment. Lou a « *mal comme jamais auparavant* ». Anouk finit par dire : « *tu nous as fait peur* » et prévient son mari qui est alors au commissariat.

53.	Conversation avec Geneviève et révélations (*magasin*)

Plusieurs semaines après, Lucas et Lou décident de se rendre à l'hypermarché porte de Bagnolet, pour voir Geneviève. Elles veulent savoir si elle a eu des nouvelles de No. Malheureusement, elle n'a reçu aucune information.

Elle leur révèle que les informations sur Loïc étaient bien vraies, à un détail près : Loïc « *n'a jamais écrit* » à No après son départ pour l'Irlande. C'est un éducateur qui a révélé à No et Geneviève que Loïc vivait et travaillait à Wexford.

54.   Le dernier jour (*lycée*)

M. Marin termine le dernier cours de l'année. Les élèves prennent leurs affaires et saluent le professeur, qui va prendre sa retraite. On apprend que Lucas ira vivre chez sa mère l'année suivante, à Neuilly-sur-Seine, et que l'appartement sera vendu. Lou a promis à Léa « *devant témoins* » qu'elle viendrait à la « *boum d'anniversaire* » l'année prochaine.

Au moment de sortir, M. Marin interpelle Lou et lui confie un vieux livre, « *très important* » pour lui quand il était « *jeune homme* ». Il lui donne un dernier conseil : « **Ne renoncez pas**. »

55.   Épilogue (*magasin*)

(*Sans transition*) Geneviève repart dans son rayon et fait un signe à Lou et Lucas. Lou fait une « *petite tête* », elle est visiblement triste. Lucas se rapproche alors de Lou et l'embrasse.

Aspects littéraires du roman
Le roman d'éducation

No et moi se rapproche du roman d'éducation, un type spécifique de roman qui s'est développé au XIXème siècle et qui est centré autour d'un enfant (personnage principal de l'œuvre). On l'assimile souvent au roman d'apprentissage (aussi appelé « roman de formation »), généralement centré autour de trois phases : jeunesse, apprentissage et maîtrise (maturité).

Dans les romans d'éducation et ceux d'apprentissage, on observe très souvent une opposition entre le héros et son environnement : la jeune personne, naïve et pleine d'idéaux, doit se confronter à un monde parfois hostile, bien loin de la représentation qu'elle s'en faisait. Il en résulte une grande remise en question, de la souffrance et des apprentissages.

Cette confrontation douloureuse entre le héros et son environnement favorise le processus d'évolution et d'éducation. Le personnage expérimente, vit des événements formateurs qui le feront mûrir et grandir.

Notons qu'à l'origine, le roman d'éducation désigne des « *fictions narratives qui participent à l'éducation morale d'un public de jeunes lecteurs[12]* ». *No et moi* semble parfaitement s'intégrer dans cette définition, car ce roman offre matière à

---

[12] Denis Pernot, *Du « Bildungsroman » au roman d'éducation : un malentendu créateur ?*, revue Romantisme, 1992

réflexion aux jeunes lecteurs et les aide à approfondir leur conception de la société, notamment vis-à-vis du microcosme parisien. Dès lors, on peut considérer ce livre comme un roman d'éducation au sens propre.

Un roman à tonalité autobiographique

Delphine de Vigan décrit avec précision les émotions et états d'âme de Lou, et en lisant son histoire, on peut facilement deviner que l'autrice a vécu des événements similaires (comme le moment où Lou se blesse dans le parc, et que sa mère ne vient pas la voir, p. 212-213).

Voici une liste non exhaustive des ressemblances entre l'autrice et la jeune Lou :

Delphine de Vigan	Lou
Une enfant précoce (« *Je pense que j'étais une fille qui a grandi trop vite. J'ai eu mon bac avec un an d'avance et j'ai quitté mes parents à 17 ans.*)	Une enfant précoce (Lou a sauté deux classes et a « *grandi trop vite* » suite au drame qui a frappé sa famille et à la dépression de sa mère)
La mère de chacune a fait un séjour en hôpital psychiatrique	
Un lien distendu avec une mère malade, puis un rapprochement (« *Mais, d'une certaine manière, ma maladie a aidé ma mère à sortir de la sienne. Elle est alors redevenue la mère et moi l'enfant, ce qui n'avait pas été le cas depuis longtemps.* »)	Un lien distendu avec une mère malade, puis un rapprochement (après la fugue de Lou)
Après cet événement, elle est inscrite dans un nouvel établissement en Normandie	Elle a été inscrite dans un nouvel établissement (pour enfants précoces) à Nantes
Un professeur de lettres inspirant[13]	Une enseignante de lettres inspirante (Mme Rivery)

L'autrice met donc un peu d'elle-même dans le personnage de Lou, comme elle l'avait fait six ans plus tôt dans le roman *Jours sans faim*, avec le personnage de Laure, une femme hospitalisée à cause de son anorexie.

---

[13] « *Mon professeur de lettres, un passionné qui savait rendre accessibles et contemporains des auteurs très classiques, m'a vraiment donné le goût de la littérature.* », Delphine de Vigan, entretien avec *L'Étudiant*, 2012.

Le roman de Delphine de Vigan détonne par son **écriture particulière**, qui mêle langage soutenu et vocabulaire plus familier voire franchement vulgaire.

Parlons d'abord de la forme : le récit est constitué de 55 courts chapitres, pour un total de 250 pages (soit moins de 5 pages par chapitre). Ce choix peut paraître anodin ou insignifiant, mais trouve tout son sens quand on lit ce passage vers la fin du roman : « *Dans les livres, il y a des chapitres pour bien séparer les moments, pour montrer que le temps passe ou que la situation évolue, et même parfois des parties avec des titres chargés de promesses, La rencontre, L'espoir, La chute, comme des tableaux. Mais dans la vie il n'y a rien, pas de titre, pas de pancarte, pas de panneau, rien qui indique attention danger, éboulements fréquents ou désillusion imminente. Dans la vie on est tout seul avec son costume, et tant pis s'il est tout déchiré* » (p. 190).

Les chapitres de *No et moi* n'ont donc pas de titre et l'histoire évolue au gré des événements, tout au long d'une année scolaire. C'est un **fragment de la vie d'une adolescente**, un épisode fondateur et marquant de sa courte existence : cette jeune fille affronte certaines réalités concrètes de la vie qui semblent indépassables (« *Je croyais que l'on pouvait enrayer le cours des "choses", échapper au programme* [...] *La vérité est que les "choses sont ce qu'elles sont"* » (p. 191). Son histoire nous rappelle qu'au fond, chacun a vécu des péripéties et des événements qui l'ont fait grandir, réfléchir, changer. Ce roman dépeint l'une de ces tranches de vie.

Si l'on aborde le style du livre, on notera que l'autrice utilise le **point de vue interne** : l'histoire est décrite telle qu'elle est vécue par la narratrice, Lou. On comprend que Lou sert de porte-voix à sa créatrice, Delphine de Vigan : **Lou est son *alter ego***[14] en plus jeune.

Cette focalisation interne, qui met à profit l'esprit en effervescence de Lou, permet une **écriture originale et dynamique**. Parfois, les tournures de phrase sont atypiques et empruntent au **discours indirect libre**, ce qui leur donne une formulation dynamique et quelque peu enfantine, qui parlera aux lecteurs jeunes. Voici un exemple de ce style détonnant : « *Monsieur Marin note mon nom, le sujet de mon exposé, je vous inscris pour le 10 décembre, ça vous laisse le temps de faire des recherches complémentaires, il rappelle quelques consignes générales* » (p. 13).

---

[14] Dans l'analyse littéraire, *alter ego* (du latin : « autre moi ») renvoie à un personnage fictif dont le comportement, le discours et les pensées représentent volontairement ceux de l'auteur.

Parfois, on observe aussi que la **concordance des temps** n'est pas toujours respectée : « *Elle n'arrivait même plus à crier sur mes cousins qui en profitent bien* » (p. 176).

Lou passe du coq à l'âne et rebondit sur ses propres paroles et pensées avec une pointe **d'auto-dérision**, ce qui contribue à la légèreté du ton et à l'humour du propos (lire p. 29 par exemple).

L'écriture est parfois **elliptique** : le roman comporte quelques coupures impromptues. Ainsi, on observe une ellipse lorsque Lou présente son exposé : on en suit la préparation, puis on passe directement à la conclusion en classe (p. 69-70). À la fin du roman, Lou rentre chez elle après sa fugue puis le chapitre suivant commence « *quelques semaines* » plus tard (p. 245-246). L'ellipse donne une certaine dynamique au roman et paraît refléter la manière de penser de la narratrice (Lou est intellectuellement précoce et son attention saute vite d'une chose à une autre).

La jeunesse de Lou est aussi un prétexte au jeu sur la grammaire (lire p. 179 par exemple) et au **jeu sur les mots**, comme lorsqu'elle explique son utilisation du mot « pressentiment » : « *La plupart des gens disent après coup qu'ils avaient un mauvais pressentiment mais moi j'avais un vrai mauvais pressentiment, un pressentiment "d'avant"* » (p. 177). La jeune fille s'amuse aussi à créer de **nouveaux dictons**, comme cette déformation (ou modernisation) de l'expression « ne pas être tombé de la dernière pluie » : « *N'empêche que moi je ne suis pas tombée du dernier RER* » (p. 222). C'est aussi un **jeu sur la forme**, avec parfois des phrases longues, formant un lourd paragraphe s'étalant sur deux pages (voir p. 27 à 30 par exemple).

Enfin, les trois derniers chapitres sont un peu confus : dans le premier, Lucas et Lou rendent visitent à Geneviève à l'hypermarché, dans le suivant on se retrouve au lycée pour le dernier cours de M. Marin, et dans le chapitre final, Lucas et Lou sont de nouveau dans l'hypermarché, alors que Geneviève vient de repartir dans son rayon et que Lou fait une « *petite tête* », sans doute attristée par les paroles de la vendeuse. L'avant-dernier chapitre est peut-être une réminiscence de ce dernier cours, alors que Lou est encore au magasin avec Lucas. Ce passage paraît **un peu déstructuré**, à l'image de la pensée parfois décousue de la jeune narratrice.

Delphine de Vigan partage sa réflexion sur l'adolescence, à partir de son expérience, de l'observation de ses proches et de ses enfants (10 et 13 ans au moment de la rédaction du roman).

Lou est une enfant précoce, ce qui permet à l'autrice de lui prêter sa voix : ainsi, Lou tient des réflexions qu'une enfant « normale » n'aurait pas forcément. Le personnage de Lou a des **doutes et questionnements internes**, mais a aussi **échafaudé des vérités générales** qu'elle remettra peut-être en question plus tard, en grandissant (comme cela arrive souvent aux adolescents, qui ont parfois des certitudes tenaces qui ne représentent pas toujours la réalité).

C'est aussi pendant cette période qu'elle a ses premiers émois amoureux.

No et moi dépeint toute la complexité des relations parents-enfants, au travers des trois jeunes mis en scène.

La narratrice Lou a vécu une rupture avec sa mère, d'abord psychologiquement (depuis la mort de sa petite sœur) puis physiquement (elle part étudier loin de chez parents). Le lien paraît rompu avec sa mère, en revanche la jeune fille a toujours gardé une certaine proximité et complicité avec son père.

Concernant No, on comprend dès le début du roman que sa situation est plus préoccupante : elle dit ne pas avoir de parents, pourtant ils ne sont pas morts. Un autre incident marquant est celui des retrouvailles ratées entre No et sa mère Suzanne. No souffre terriblement du rejet de sa maman, qui ne lui a jamais porté d'affection ; c'est qu'elle est née d'un viol, et elle n'a jamais connu son père.

Lucas également vit une relation complexe avec ses parents : son père vit au Brésil depuis que sa femme lui a annoncé qu'elle voulait divorcer. La maman s'est mise avec un autre homme et a déserté l'appartement : elle ne vient plus qu'une fois par semaine pour remplir le frigo et rendre visite à son fils. Cette quasi-absence des parents a de mauvaises conséquences sur Lucas, qui est en échec scolaire. Le jeune homme peut heureusement compter sur sa popularité au lycée, tandis que son amitié grandissante avec No et Lou va lui permettre de gagner en maturité.

Lou s'interroge sur le lien paternel et maternel : « – *Est-ce que tu crois qu'il y a des parents qui n'aiment pas leur enfant ?* » (p. 159) Lucas répond : « – *Je sais pas, Pépite. Je crois pas. Je crois que c'est toujours plus compliqué que ça* » (p. 159). Lou reprend alors à son compte le jugement de son ami : « – *Tu sais, les histoires entre les parents et les enfants, c'est toujours plus compliqué* » (p. 168).

En lien avec l'adolescence, on peut étudier le rapport de la jeune Lou avec l'autorité. Ce rapport est parfois tendu, et l'élève paraît écrasée par le code de conduite auquel elle est soumise, et oppressée par son représentant incarné par le professeur M. Marin : « *Il faut dire oui monsieur. Il faut entrer en silence dans la classe, sortir ses affaires, répondre présent à l'appel de son nom, de manière audible, attendre que Monsieur Marin donne le signal de se lever quand retentit la sonnerie, ne pas balancer les pieds sous sa chaise, ne pas regarder son portable pendant les cours, ni jeter un œil à la pendule de la salle, ne pas faire des tortillons avec ses cheveux, ne pas faire de messes basses avec son voisin ou sa voisine, ne pas avoir les fesses à l'air, ni le nombril, il faut lever le doigt pour prendre la parole, avoir les épaules couvertes même s'il fait quarante degrés, ne pas mâchonner son stylo* » (p. 32). Par cette énumération, elle pointe du doigt les entraves à la liberté que subissent les élèves, des entraves qui ne paraissent pas toujours justifiées.

De façon générale, elle reproche aussi aux adultes d'avoir abandonné leurs idéaux, de se résigner par rapport aux injustices du monde. À quoi bon cette soumission, si l'autorité n'est pas employée à bon escient ? Sa conclusion est qu'il faut rester les yeux ouverts, ne pas ignorer ces choses qui ne vont pas. M. Marin finit par l'encourager avec sa phrase de conclusion : « *Ne renoncez pas* ».

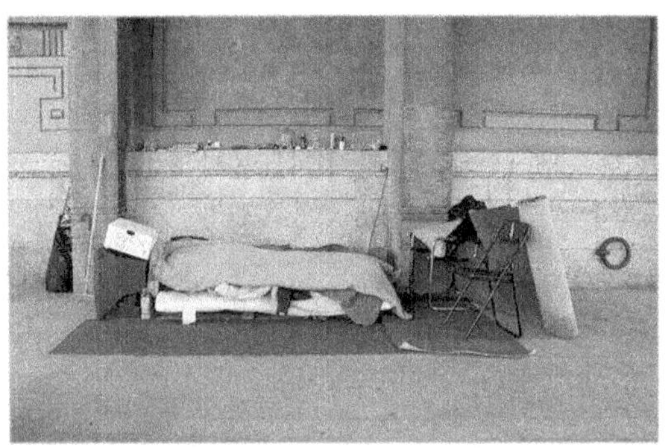

Les sans domicile fixe (SDF) sont hélas très présents dans la capitale française. Leur présence remonte à plusieurs centaines d'années ; certains prétendent que le mot « clochard » viendrait du nom donné aux démunis venant ramasser les invendus des commerçants, au moment où la cloche sonnait pour signifier la fin du marché, aux Halles de Paris. Dans les années 50, le photographe Izis immortalisait déjà la présence des sans-abri à Paris.

À partir des années 70 et à la suite des crises économiques successives, le nombre des SDF augmente encore. Depuis la crise migratoire, à compter des années 2000 et surtout des années 2010, ils sont encore plus nombreux dans les rues et on retrouve à présent davantage d'individus provenant d'Afrique et du Proche-Orient. Certains vivent à même la rue, dans les quartiers du nord-est de Paris.

Leurs conditions de vie sont extrêmement précaires et certains basculent même dans la criminalité et les stupéfiants (avec la consommation de crack, une drogue de mauvaise qualité). Le nombre de SDF est estimé à environ 90 000 en région parisienne, dont environ 45 000 à Paris.

Dans *No et moi*, l'accent est mis sur les **femmes SDF**. Le professeur Marin en parle et évoque des chiffres alarmants : « *parmi les SDF âgés de 16 à 18 ans, la proportion de femmes atteint 70 %* » (p. 33). Derrière chacune se cache un drame personnel, comme l'explique No : « *des femmes normales qui ont perdu leur travail ou qui se sont enfuies de chez elle, des femmes battues ou chassées, qui sont hébergées en centres d'urgence ou vivent dans leur voiture, des femmes qu'on croise sans les voir, sans savoir, logées dans des hôtels miteux, qui font la queue tous les jours pour nourrir leur famille et attendent la réouverture des Restos du Cœur* » (p. 64). Leur situation est plus inquiétante car elles n'ont généralement pas les moyens de se défendre et peuvent être victimes de violences et/ou être exploitées (comme c'est le cas de No).

La vie des sans-abri est une vie d'exclus, sans lieu de protection, sans abri au sens propre. Vivre dehors, c'est s'exposer à de **nombreux dangers** : « *Elle raconte cette vie, sa vie, les heures passées à attendre, et la peur de la nuit.* » (p. 60) ; « *Dehors, elle n'est rien d'autre qu'une proie* » (p. 63).

Cet ensemble de personnes habitent une « *ville invisible, au cœur même de la ville* » (p. 70). C'est un « *monde parallèle qui est pourtant le nôtre* », un ensemble de « *territoires invisibles, et pourtant si proches de nous* » (p. 119).

La situation n'est guère meilleure dans les centres d'accueil : « *c'est sale* », on « *jette* » les hébergés « *à huit heures du matin* », « *il faut dormir d'un œil pour ne pas se faire dépouiller* » (p. 230).

L'autrice retranscrit aussi les avis et jugements durs qui ont cours à l'encontre des sans-abris, comme les propos de la femme du relais à journaux (il ne faut « *pas traiter avec une fille comme ça* », c'est « *une fille qui vit dans un autre monde* »), ou encore ceux de l'assistante sociale : « *vous savez, les gens de la rue ne sont pas fiables* » (p. 196).

No et moi a donc le mérite d'aborder un problème qui reste encore très actuel, surtout à Paris, et qui a même empiré au cours des dernières années.

Le roman est parsemé de références qui renvoient à la période des années 2000, qu'il s'agisse de vêtements (Converse, Pimkie), films (*Sur mes lèvres* de Jacques Audiard, 2001), technologie (ordinateurs, internet…) Ceci donne un ton actuel et moderne au livre, et permettra aux jeunes lecteurs de mieux s'identifier aux personnages.

Toutefois, certaines allusions sont désuètes voire obsolètes : ainsi, les jeunes de *No et moi* « *discutent sur MSN* » (p. 34, p. 207), or ce logiciel a connu un franc succès dans les années 2000, mais n'existe plus depuis 2013 (il a été absorbé par Skype). Lucas a un « *I-pod* »[15] (p. 207) tandis que Lou a un « *baladeur MP3* » (p. 62). Or, ces appareils en vogue dans les années 2000 sont rarement utilisés par les jeunes d'aujourd'hui : ils lui préfèrent le smartphone. Lou comptait acheter l'*Encyclopedia Universalis* en Cd-rom (p. 62) : aujourd'hui, cette encyclopédie et d'autres du même type sont beaucoup moins utilisées (dans les années 90-2000, on recourait à des encyclopédies type Larousse ou Encarta pour préparer les exposés : les ressources disponibles sur internet n'étaient alors pas suffisantes).

Lou évoque aussi l'émission télévisée *Qui veut gagner des millions* (p. 15), qui a connu son apogée dans les années 2000. 20 ans plus tard, la nouvelle formule de cette émission se montre bien moins populaire. Ceci est également valable pour le jeu télévisé *Questions pour un champion* (évoqué p. 214), qui a connu d'excellentes audiences dans les années 2000, à l'époque où Julien Lepers était l'animateur. Depuis, l'émission n'a pas retrouvé son succès d'antan. Même tendance pour *La Nouvelle Star*, émission sur M6 assez suivie par les jeunes entre 2003 et 2010 (avec un pic en 2006, 27 % de part de marché pour la finale en « prime time »), mais finalement déprogrammée en 2017.

Le langage, lui aussi, est parsemé de termes et expressions typiques des jeunes : « *c'est mort* », « *elle est grillée* », « *branche grave* ». Le lexique se montre souvent familier et parfois même vulgaire (par exemple p. 26, p. 65, p. 93, p. 142, p 227…). Certains termes peuvent paraître un peu dépassés pour les jeunes d'aujourd'hui.

C'est le risque inhérent à vouloir rendre une histoire actuelle, contemporaine : cela parlera davantage à la génération ayant vécu durant la période en question, plutôt qu'aux générations ultérieures.

---

[15] L'iPod (et non « *I-pod* » comme on le lit dans le roman) a connu son apogée au début des années 2000. C'est un précurseur de l'iPhone, lui aussi créé par Apple.

En lien avec la partie précédente, l'un des thèmes principaux du roman est la **difficulté de la vie** et des épreuves qui l'accompagnent. Au travers de Lou, l'autrice expose le contraste qui existe entre la vie rêvée telle qui nous est présentée dans les films, les publicités ou les histoires, et la vie telle qu'elle est en réalité.

La mort de Thaïs est l'événement marquant qui a forgé la vision des choses de Lou, une vision assez pessimiste sur l'existence humaine : « *Ma mère a raison.* **C'est la vie qui est injuste et il n'y a rien à ajouter**. *Ma mère sait quelque chose qu'on ne devrait pas savoir* » (p. 102).

Un autre passage est particulièrement marquant : en accompagnant No à son travail, Lou observe une publicité qui dépeint une femme à l'apparence heureuse, avec un homme subjugué qui se retourne sur elle. Elle conclut : « *Comment ça a commencé, cette différence entre les affiches et la réalité ? Est-ce la vie qui s'est éloignée des affiches ou les affiches qui se sont désolidarisées de la vie ? Depuis quand ? Qu'est-ce qui ne va pas ?* » (p. 218) Dans le même ordre d'idées, on pensera à ce passage à la fois âpre et amusant : « *Quelque chose ne tournait pas rond. Il suffisait de regarder autour de soi. Il suffisait de voir le regard des gens, de compter ceux qui parlent tout seul ou qui déraillent, il suffisait de prendre le métro. J'ai pensé aux effets secondaires de la vie, ceux qui ne sont indiqués dans aucune notice, aucun mode d'emploi. Je pensais que la violence était là aussi, je pensais que la violence était partout* » (p. 241-242).

Questionnaire de lecture

Ce questionnaire à choix multiples (QCM) vous permettra de vérifier votre bonne connaissance du roman. Attention : il n'y a pas toujours qu'une seule bonne réponse !

1- Lou a peur d'une chose, dès le début du roman. De quoi s'agit-il ?

- ❑ Elle craint d'aller parler à Lucas, le rebelle de la classe
- ❑ Elle a craint une mauvaise réaction de son professeur, M. Marin
- ❑ Elle a peur de ne pas être parmi les filles populaires de sa classe
- ❑ Elle a peur de faire son exposé devant toute la classe

2- Lou apprécie se promener dans un endroit particulier. Quel est-il ?

- ❑ Le Jardin des Plantes
- ❑ La gare d'Austerlitz
- ❑ La gare de Lyon
- ❑ Le parc de Bercy

3- Quel détail différencie Lou du reste de sa classe ?

- ❑ Elle est plus petite
- ❑ Elle est handicapée
- ❑ Elle est extrêmement jolie
- ❑ Elle vient d'un pays étranger

4- Vers la page 40, on apprend qu'un drame a frappé la famille Bertignac. De quoi s'agit-il ?

5- Qu'a décidé de faire Lou, dans le cadre de son exposé ?

- ❑ Vivre avec une sans-abri
- ❑ Héberger une sans-abri chez elle
- ❑ S'entretenir avec une sans-abri
- ❑ Inviter une sans-abri à témoigner devant la classe

6- Comment se passe l'exposé de Lou ?

- ❑ Très mal
- ❑ Plutôt mal
- ❑ Assez bien
- ❑ Très bien

7- Quelles sont les relations entre No et son père ?

- ❑ Elles sont tendues car elle ne s'entend pas bien avec lui
- ❑ Elles sont bonnes : son père est un réconfort pour No
- ❑ Il n'y en a plus car son père est décédé
- ❑ Elles sont inexistantes car No ne connaît pas son père

8- No dévoile à Lou des choses terribles sur son passé. De quoi s'agit-il ?

- ❑ No a été battue par ses parents
- ❑ No n'a jamais connu son père
- ❑ Sa mère a été violée
- ❑ Son beau-père était très dur avec elle

9- Que se passe-t-il suite à l'hébergement de No chez les Bertignac ?

- ❑ No vole de l'argent au père de Lou
- ❑ La mère de Lou se sent mieux et sort peu à peu de sa léthargie
- ❑ No trouve enfin du travail
- ❑ No invite deux camarades de la rue chez les parents de Lou

10- Combien de temps est hébergée No chez les Bertignac ?

- ❑ Quelques jours
- ❑ Environ deux semaines
- ❑ Environ deux mois
- ❑ Environ six mois

11- No doit bientôt quitter l'appartement des Bertignac. Que se passe-t-il ensuite ?

- ❑ Elle trouve une place dans un centre d'hébergement
- ❑ Grâce à son travail dans un hôtel, elle est en mesure d'avoir une chambre
- ❑ Elle retourne vivre dans la rue
- ❑ Elle est hébergée par un jeune homme

12- Qu'advient-il de No, à la fin du roman ?

- ❑ On ne sait pas
- ❑ Elle a retrouvé Loïc en Irlande et s'est installée avec lui
- ❑ Elle a décidé de rester chez sa mère à Ivry-sur-Seine
- ❑ Elle a trouvé du travail en Irlande et a rencontré quelqu'un là-bas

1- ☑ Elle a peur de faire son exposé devant toute la classe

2- ☑ La gare d'Austerlitz

C'est là où Lou rencontre No.

3- ☑ Elle est plus petite

Lou est plus petite que les autres (trente centimètres de moins, voir p. 33), car elle a deux ans d'avance.

4- Thaïs, bébé des époux Bertignac, est décédée brutalement, victime du syndrome de la mort subite du nourrisson. Ce traumatisme a secoué la famille entière, qui ne s'en est pas remise au moment de l'action du roman.

5- ☑ S'entretenir avec une sans-abri

Elle souhaite discuter avec une sans-abri et expliquer à ses camarades comment elle vit et pourquoi elle n'a pas de domicile fixe.

6- ☑ Très bien

C'est un grand succès pour Lou, qui se fait applaudir par toute la classe (p. 71).

7- ☑ Elles sont inexistantes car No ne connaît pas son père

La mère de No, Suzanne, a été violée dans une grange par quatre hommes, alors qu'elle était âgée de 15 ans. No ne connaît pas son père.

8- ☑ No n'a jamais connu son père ☑ Sa mère a été violée

La mère de No a été violée par quatre hommes. No est issue de ce viol.

On notera que le beau-père de No était gentil avec elle.

9- ☑ La mère de Lou se sent mieux et sort peu à peu de sa léthargie ☑ No trouve enfin du travail

L'arrivée de No apporte beaucoup de positif au sein de la famille de Lou. Hélas, le nouveau travail de No s'avérera difficile : elle sombre de nouveau dans l'alcool et est forcée de quitter l'appartement des Bertignac.

10- ☑ Environ deux mois

No est hébergée après les vacances d'hiver (janvier) et doit partir après les vacances de février.

11- ☑ Elle est hébergée par un jeune homme

Lucas accepte d'héberger Lou dans l'appartement de son père.

12- ☑ On ne sait pas

Geneviève, l'amie de jeunesse de No, n'a reçu aucune nouvelle d'elle.

Fiches de lectures illustrées

- « *Fiche de lecture illustrée -* **Rhinocéros**, *d'Eugène Ionesco* »
- « *Fiche de lecture illustrée -* **La Ferme des Animaux**, *de George Orwell* »
- « *Fiche de lecture illustrée -* **L'Étranger**, *d'Albert Camus* »
- « *Fiche de lecture illustrée -* **Candide**, *de Voltaire* »
- « *Fiche de lecture illustrée -* **L'Ingénu**, *de Voltaire* »
- « *Fiche de lecture illustrée -* **La Vague**, *de Todd Strasser* »
- « *Fiche de lecture illustrée -* **Oh les beaux jours**, *de Samuel Beckett* »
- « *Fiche de lecture illustrée -* **Les Bonnes**, *de Jean Genet* »
- « *Fiche de lecture illustrée -* **Inconnu à cette adresse**, *de Kressmann Taylor* »
- « *Fiche de lecture illustrée -* **Cannibale**, *de Didier Daeninckx* »
- « *Fiche de lecture illustrée -* **La petite fille de Monsieur Linh**, *de Philippe Claudel* »
- « *Fiche de lecture illustrée -* **Petit Pays**, *de Gaël Faye* »

Divers

- « **J'apprends le français !** *- Exercices de français avec corrigés (Niveaux A2 à B1)* »
- « **J'apprends à lire et à écrire** *- Exercices d'écriture et de lecture du français (pour débutants ; alphabétisation)* »
- « *L'essentiel du livre :* **L'homme le plus riche de Babylone** »
- « **Comment réussir ses études** *: conseils et méthodes pour exceller après le bac* »

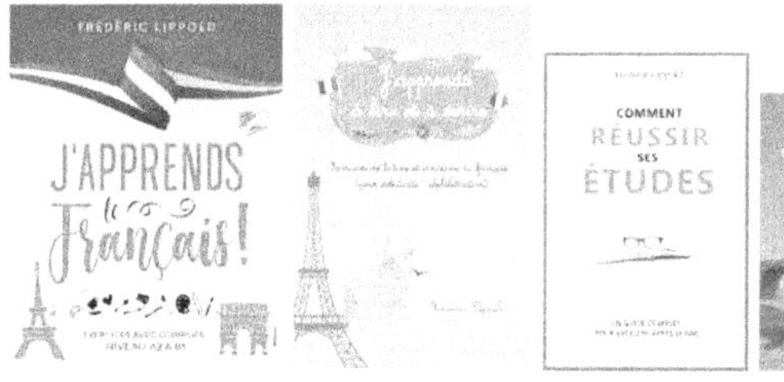

Un mot de l'auteur

Mon objectif était de vous apporter le maximum d'informations autour de cette œuvre, en un minimum de temps. Même si Internet est une mine d'or d'informations, il est difficile de trouver les ressources essentielles et de les synthétiser. Conscient des difficultés à comprendre et mémoriser les œuvres littéraires, j'ai eu l'intention de faciliter les choses aux étudiants. J'espère avoir atteint cet objectif.

Si vous avez apprécié ce travail, je vous serais très reconnaissant de déposer un avis positif sur le livre. Cela représente une vraie récompense pour le grand travail réalisé en amont de cette fiche.

Je vous souhaite une très bonne continuation et beaucoup de réussite dans vos projets.